리더에게 길을 묻다

리더에게 길을 묻다

개정판 1쇄 발행일 | 2016년 5월 1일

지은이 | 송동근
펴낸이 | 최윤하
펴낸곳 | 정민미디어
기획·편집 | 출판기획전문 (주)엔터스코리아
교정·교열 | 정익구
디자인 | 김윤남디자인

주소 | (151-834) 서울시 관악구 행운동 1666-45, F
전화 | 02-888-0991
팩스 | 02-871-0995
이메일 | pceo@daum.net

ⓒ정민미디어

ISBN | 979-11-86276-27-3 (13300)

※잘못 만들어진 책은 구입처에서 교환 가능합니다.

리더에게 길을 묻다

실전 사례에서 배우는
리더십 불변의 법칙

송동근 지음

프롤로그

　리더십이란 말이 흔한 용어가 된 지 오래이다. 하지만 필자가 신입사원이었던 80년대 초반에는 기업에서 리더십이란 말을 사용하는 예가 매우 드물었던 것으로 기억한다. 아마 그동안 리더십이 그만큼 중요해졌기 때문일 것이다.

　사실 예전에는 리더의 권위와 권한만으로도 조직과 사람들을 어느 정도 움직일 수 있었다. "이제부터 내가 당신들의 상사입니다. 그러니 내 말을 듣고 따라와야 합니다. 만일 그렇지 않을 때에는 인사에서 불이익이 있을 겁니다. 나한테는 충분히 그럴 만한 힘이 있거든요." 이렇듯 리더의 권한이 어느 정도 통하는 사회였다면, 지금은 그렇게 해서는 절대 움직여지지 않는 세상이 되었다. 사회가 바뀌고 기업 환경도 변했으므로 단순한 권위만으로 조직을 움직일 수 없게 되었다.

요즘 시대에 리더의 자리에 오르면 사람과 조직을 관리하기가 예전보다 훨씬 어려워졌다. 리더의 직책을 맡기 전까지 그런 경험을 해 보지 않은 것도 하나의 이유가 되겠지만, 과거보다 더욱 어려워진 리더의 역할 때문이기도 하다. 조직이나 조직 구성원들도 리더에 대한 기대치가 커졌고 회사가 리더를 평가하는 과정 또한 매우 정교하고 엄격해졌다. 지난날 리더십은 주로 사회학자와 정치학자들의 연구 분야였다. 80년대에 들어서면서 경영학자들이 이 분야에 뛰어들기 시작했다. 그 이유는 과거 금전을 대가로 일을 하게 했던 기업에서도 이제는 돈이나 힘만으로 사람을 움직일 수 없으며, 리더의 능력이나 역할에 따라 기업의 성과에 많은 차이가 난다는 것을 인식했기 때문이다.

필자는 몇 년 전 현직에서 물러나 대학과 기업에서 강의를 하고 투자저널의 고문을 맡고 있다. 직장생활 28년 가운데 20년은 팀장 이상의 자리에 있었고, 15년은 네 개의 금융회사에서 임원으로, 또한 국내 기업뿐만 아니라 유럽계 투자은행, 미국계 금융회사, 일본계 증권회사에서 리더를 경험하였다. 돌이켜 보면 직장생활 삼분의 이는 부하 직원과 조직을 움직이는 일이었다.

아마 사회생활을 하는 대부분의 직장인은 언젠가는 리더의 역할을 맡게 될 것이다. 반드시 리더로서 성공해야 직장에서 자신의 입지를 확고하게 다질 수 있다. 사회생활 후반부에 결코 내가 맡은 일만 열심히 잘한다고 해서 그렇게 되기는 어려운 현실이다.

 조직에서 팀원으로 일하다가 팀 리더가 되었을 때 그 역할은 엄청나게 달라진다. 예전에는 자기의 일만 열심히 잘하면 '만사 오케이'이었겠지만 이제는 사람들을 움직여서 그들이 일을 잘 하도록 해야 한다. 문제는 조직을 움직임과 동시에 조직 구성원의 생존을 책임져야 하는 리더의 역할에 있다. 또한 당장 생존뿐만 아니라 미래의 먹거리를 찾아야 하고, 다른 조직과도 협력을 하면서 회사가 일치된 방향으로 나아가게 만들어야 한다. 리더가 되면 해야 할 일이 엄청나게 많아진다.

 물론 자기가 일하던 팀에서 그대로 팀장으로 승진하거나 다니는 회사 내에서 임원이 되면 조금 쉬울 수 있다. 일을 가장 많이 알고 나이와 경험도 가장 많으며 조직 구성원들과 잘 아는 사이이기 때문에 리더의 역할이 상대적으로 쉽다고 생각할는지 모른다. 하지만 이런 경우에도 역시 실무자와는 전혀 다른 역할을 해야 한다. 기업은 리더 한 사람을 위해 돌아가는 조직이 아니기 때문이다.

 이 책에서는 이런 환경에 직면해 있는 현재의 리더들과 앞으로 리더를 꿈꾸는 사람들을 위해 자신의 리더십을 키울 수 있는 다양한 전략과 경험들을 제시하고자 한다.

 우선 큰 조직의 리더와 작은 조직의 리더는 기본적으로 접근방법이나 역할이 다를 수 있다는 점을 염두에 두고 이 책을 읽어 주었으면 한다. 리더라도 다섯 명의 팀원을 매일 책상 앞에서 볼 수 있는 팀장과 수백 명 이상의 구성원들을 총괄하지만 물리적으로 하나의 공간에 있지 않고 떨어져 있는 리더는 모든 면에서 방법을 달리할 수밖에 없을 것이다. 따라서 이 책의 조언이나 사례들이 각기 다른 환경에서 적용될 수 있다는 점을 이해해 주었으면 한다. 또 한 가지, 이 책에서는 우리나라 기업문화가 위에서 아래로 내려가는 지시나 명령이 매우 강한 만큼 아래에서 위로 올라오는 소통을 조금 더 강조했다는 것도 마음속에 두기 바란다. 이는 각자의 기업 환경에 맞게 응용할 수 있다고 생각한다.

이 책에서는 필자와 필자가 만난 많은 사람들의 경험을 통해 실제 사례를 소개하고 거기에서 원리를 찾고자 했다. 주로 금융회사에서 근무한 경험을 많이 포함한 것은 금융업이 필자의 경력이기도 하지만 금융회사는 다른 업종과 유사한 환경이어서 다른 어떤 업종의 기업에도 두루 적용될 수 있기 때문이다.

마지막으로 이 책을 통해 리더 여러분이 시행착오를 되도록 적게 하고 즐겁게 리더의 역할을 수행하는 데 도움이 될 수 있다면 저자로서 그 이상의 만족은 없을 것이다.

― 송동근

차례

프롤로그 • 4

시작하며 사람이 사람을 움직인다는 것

완장촌 • 13
리더, 힘들고 외로운 자리 • 18
사람이 사람을 움직인다는 것, 개인이 조직을 움직인다는 것 • 29

STEP 1 먼저 한 배에 태워라

목표를 중심으로 뭉쳐라 • 39
가상의 적을 만들라 : 위기의식 불어넣기 • 43
비전을 제시하라 • 51
강한 문화가 조직력이다 • 55
작심하고 질책하라 : 긴장감 조성 • 62
리더는 귀신같아야 한다 • 67

STEP 2 자신감을 불어넣어라

당당하고 담담하라 • 77
작은 목표부터 달성하라 • 84
우리는 나아지고 있다 • 92
부정 표현을 금지하라 • 95

STEP 3 감성을 터치하라

감성에 호소하라 • 103
그들의 신상을 꿰차라 • 114
인간적인 관계를 만들라 : 스킨십 리더십 • 124
각기 다른 그들을 어떻게 동기부여 할까 • 130

STEP 4 일은 즐겁게

- CEO의 직장관 • 145
- 내부경쟁을 시켜라 • 153
- 즐겁게 경영하라 • 164
- 실력이 늘 때 일은 더 재미있어진다 • 169
- 리더, 인간적인 멋으로 살아라 • 179
- 리더 자신을 먼저 동기부여 하라 • 186

STEP 5 정치를 하라

- 말수를 줄여라 • 191
- 그들은 상사를 금방 알아본다 • 199
- 상사를 먼저 움직여라 • 207
- 신뢰를 심어줘라 • 214
- 내 이미지를 확인하라 • 223
- 차석자의 정치 역량이 강하다면 • 227
- 편애로 보이는 것을 주의하라 • 231
- 상사와 부하 사이에 끼인 리더 • 236

STEP 6 멘탈을 흔들어라

- 질문으로 일깨워라 • 243
- 개념을 공유하라 • 247
- 기한을 길게 주지 마라 • 253
- 선택권을 주고 맡겨라 • 256
- 부하 직원들의 생각을 구하라 • 259

책을 마치며 • 268

시작하며

사람이 사람을 움직인다는 것

공부를 잘하는 학생이 반드시 좋은 선생님이 되지 않듯
내가 일을 잘하는 것과 다른 사람이 일을 잘하도록 영향을 미치는 것은 전혀 다른 이야기이다.

리더의 길은 조직을 움직임과 동시에 그들의 생존을 책임지는 일이다.
두 가지 일을 한꺼번에 해야 하는 리더.
어떤 모습인지 알아보자.

완장촌

 몇 년 전 모 TV에서 '완장을 차고 싶다'는 프로그램을 방영한 적이 있다. 서로 알지 못하는 일곱 명의 남자들이 리더, 즉 완장을 정하여 그를 중심으로 시골 폐가에서 식량과 물을 직접 마련하며 살아가야 한다. 프로그램 내내 권력에 대한 인간의 욕망과 리더의 역할에 대한 흥미 있는 상황들을 보여 주었다.

 완장촌에서는 '완장을 찬 사람에게 절대복종해야 한다.'는 등의 열두 가지 강령을 지켜야 한다. 중간에 완장이 자리에서 내려오면 새로 완장을 뽑기 위해 경쟁을 벌여야 한다. 권력을 향한 인간의 욕망과 완장이 바뀔 때마다 변화되는 리더십 상황이 때로는 심각하고 때로는 코믹하게 그려진다.

1대 완장은 달리기 시합을 통해 정해졌다. 가장 먼저 들어온 사람이 실수로 완장을 놓치며 바로 다음 사람이 운 좋게 완장을 낚아챘다. 하지만 그에게 행운은 그것뿐이었다. 바로 하루 만에 완장 자리를 내놓았기 때문이었다.

누군가 식사량이 너무 적다고 강하게 불만을 드러내며 사람들과 말싸움을 했지만, 완장은 무기력한 모습으로 바라볼 뿐 상황을 제대로 수습하지 못했다.

"완장이 좀 더 강력하게 해줘야 해."

"완장이 너무 물러서 의견이 거의 없었어."

이런 비난을 받자 1대 완장은 스스로 완장 자리를 포기했다.

"왜, 내게 욕을 하는 거야?"

그는 잘하려고 했던 자기 마음을 헤아려주지 못하는 구성원들을 섭섭하게 생각했다.

2대 완장을 뽑는 절차는 매우 극단적이었다. 꿈틀거리는 지렁이를 먹기도 하고 이미 물러난 1대 완장의 뺨을 때리기도 하는 것들이었다. 무기력했던 1대 완장을 보완하기 위한 조직의 움직임이었다.

2대 완장은 전혀 다른 리더의 모습을 보여 주었다. 구성원들에게 그때그때 적절한 보상과 벌을 주면서 조직을 하나로 결집시키려는 노력을 했다. 허기에 지친 그들이 우연히 발견한 닭을 잡으려고 모처럼 힘을 합쳐 쫓아다니며 즐거워하는 상황도 만들었다.

완장은 고기를 나누어 줄 때에도 닭을 잡는 데 기여한 순서에 따라 합리적으로 실시했다. 2대 완장은 구성원들로부터 신임을 받는 듯했다.

하지만 뜻밖에도 그는 단체 달리기에 나섰을 때 TV 카메라 앞에서는 뛰는 척하다 뒤에서는 구성원들에게 뛰지 말자고 제안하는 이중적인 모습을 보였다. 원칙을 지키기보다 상황에 따라 인기에 영합하고 겉으로 보이는 행동에만 치중했다. 그는 구성원들로부터 추진력과 지도력이 없다는 평가를 받으며 신뢰를 잃고 말았다. 그도 역시 완장 자리에서 물러났다. 그는 실질적인 리더의 역할보다 리더라는 명예와 인기만을 꿈꾸었던 것으로 보인다.

3대 완장은 2대 완장의 잘못을 정확하게 지적하고 차가운 계곡물에서 오래 버틴 사람이 뽑혔다. 사실 3대 완장이 된 남자는 전부터 몹시 완장이 되고 싶어 한 사람이었다. 지렁이를 먹을 때도 가장 먼저 먹었고 1대 완장이 자리를 포기할 때도 자신이 직접 완장을 차보기도 하였다. 그는 권력욕이 강했다.

지난 완장들의 실패에서 배웠는지 그는 강력한 리더의 모습을 보여주었다. 그는 우선 구성원들 간의 호칭을 정리했다. 구성원들은 완장에게 높임말을 써야 하고 완장은 구성원들에게 반말을 쏠 수 있었다. 그는 완장촌 12강령을 구성원들에게 자주 상기시켰다. 강력한 권력을 가진 완장으로 보이기 위해서인지 그는 폐가의 높은 마루턱에 앉아서 구성원들을 내려다보며 한 명 한 명에게 할 일을 지시하기도 했다.

그가 리더의 자리를 앉아서 누리기만 한 것은 아니었다. 다른 사람들이 쉴 때에도 혼자 완장촌을 정비하기도 하였다. 사람들 또한 추진력 있는 그를 따랐다. 어떤 완장보다 권력욕이 강했던 그는 권력을 행사하는 방법을 잘 알아서 구성원들을 장악하는 듯 했다.

하지만 3대 완장에게 문제가 된 것은 지나치게 강압적인 태도였다. 번번이 "내 말이 법이다. 복종하라."는 식이었고 구성원들과 소통하는 법을 몰랐다. 시간이 가면서 사람들은 독재에 가까운 그에게 강한 저항감을 가졌다. 결국 그도 역시 조직에서 소외되고 말았다.

그 후 4대 완장 시대도 평범하게 끝났다. 구성원들은 일곱 명 가운데 가장 문제가 많다고 생각하는 한 사람을 선택해 그로 하여금 이틀 동안 폐가에 더 머물게 하는 벌을 내리며 떠났다.

이 프로그램이 사실인지 연출이 가미되었는지는 모르지만, 작은 조직에서 흔히 일어날 수 있는 상황을 잘 보여주었다. 완장들이 모두 실패를 했지만 실패와 성공 요인을 살펴봄으로써 우리 현실 사회를 읽을 수 있었다. 다루기 어려운 사람들에게 일을 시키고 생존 방안을 찾아야 하는 것이 완장의 역할이듯 회사의 리더 역시 조직을 이끌어서 성과와 이익을 내고 살아남아야 한다.

두 마리 토끼를 한 번에 잡기 위한 정답은 무엇일까. 회사에서 단지 근무 연수와 인사고과를 통해 인정해준 지위로 그들을 관리할 수 있을까, 아니면 영업, 마케팅, 전략, 기획, 인사 실무 등 분야에서 실력이 뛰어나다고 해서 그들을 잘 이끌 수 있을까 하는 것이다. 완장촌 사람들의 상황과 우리는 결코 크게 다르지 않다.

사실 인사고과 점수가 우수하고 객관적으로 실력을 인정받아 진급을 해서 한 팀이나 부서를 이끈다면 이 완장촌처럼 피곤한 상황은 아닐 것이다. 완장촌 사람들은 처음 만났고 공통의 문화도 없고 개성이 강한 일반인 그대로인 반면, 회사에서는 대부분 직장 후배들이고 경험도 자신보다 많지 않기 때문이다. 하지만 이들 역시 내색을 하지 않지만 불만이 없는 것은 아니다. 그들이 술을 마시면서 왜 자신에 관한 뒷이야기를 하겠는가. 이런저런 거품을 제거하고 나면 본질적으로 우리의 상황은 완장촌과 별로 다를 바 없다. 완장촌의 구성원들은 불만을 솔직하게 터놓고 말하고 비난도 서슴지 않는다. 회사에서는 그런 일들이 보이지 않는 곳에서 일어난다. 그래서 조용할 뿐이지 전혀 없지 않다는 것이다.

리더,
힘들고 외로운 자리

　　　　　　　　　　영어 단어 리더^{leader}의 독일어 어원은 '외롭다, 견디다'라는 뜻이다. 리더는 동서고금을 막론하고 매우 외롭고 힘든 자리이다. 언뜻 필자가 처음 겪었던 리더 경험 두 가지가 떠오른다. 그 둘은 전혀 상반된 것이었지만 공통점은 역시 힘들고 외로웠다는 것이다.

　　직장생활 8년째 되던 해, 드디어 팀장이 되었다. 팀장으로 진급하면 설레고 뿌듯해야 하지만 필자는 그렇지 못했다. 우선 부서를 이동해서 영업팀장이 되었기 때문이다. 영업부서를 한참 떠나 있었기 때문에 고객이 전혀 없었다. 당시는 팀장도 자기 몫을 해야 했다.

첫 한 달 동안 내 실적은 팀원들 평균의 오분의 일도 되지 않았다. 팀원들의 실적은 회사에서도 최상위 수준이었으므로 차이가 크게 보일 수밖에 없었다. 저조한 실적을 이해해 줄만도 한 지점장은 회의를 하면서 이렇게 말했다.

"팀장이 잘해야 팀원들을 독려할 수 있지 않나? 팀장이 이렇게 헤매고 있으니 팀원들이 뿔뿔이 흩어져 제멋대로잖아."

그러다 보니 가끔 팀에서 결정할 일이 있어도 팀장의 의견은 아무래도 뒷전이었다. 실적 좋은 팀원들 말을 들어줄 수밖에 없었다. 어떻게 보면 당연한 일이지만 지점장은 이렇게 말했다.

"팀장이 팀원들한테 끌려다니는 꼴이 보기 좋다."

팀원들을 강하게 이끌지 못하는 내 모습을 보는 지점장은 더 답답했던가 보다. 나 역시 실적을 올려서 지점장에게 떳떳하고 싶었고 팀원들에게 가끔 큰소리도 치고 싶었지만, 한두 달 열심히 한다고 되는 일은 아니었다.

그렇다고 팀원들이 무능한 팀장을 무시하거나 도발적이지는 않았다. 나 역시 그들을 편하게 잘 대해 주었다. 팀장 몫까지 실적을 대신해주고 있는 사람들에게 잘 해주는 일 외에 무엇이 있으랴!

하지만 집에 와서 생각해 보니 그놈의 팀장 자리는 나에게 너무나 불편한 자리일 뿐이었다. 팀장 직책이 내게 주어졌지만 나는 힘을 쓸 수 없었다. 팀원들에게도 미안할 따름이었다. 지점장에게도 할 말이 없었다.

동료 팀장들은 "천천히 해. 서둘지 말고."하며 위로하기도 하였지만, 돌아서 생각해 보면 그들 모두 경쟁자가 아니던가. 내가 팀장 능력을 제대로 보여주지 못한다면 내 자리도 없고 당연히 팀도 의미가 없다는 생각뿐이었다.

이 일은 나에게 큰 자극이 되어 시간이 지나면서 자연스럽게 해결되었다. 하지만 리더로서의 첫 경험은 정말 끔찍한 기억으로 남아 있다.

능력이 부족한 리더로서 조직을 이끌면 팀에 피해를 주는 것은 물론 무엇보다 본인 자신에게 매우 힘든 일이다. 당시 직장생활을 시작한 이래 처음으로 외로움을 느꼈다.

"외롭지 않으면 리더가 아니다. 올라가면 올라갈수록 친구는 사라지고 적만 느는 게 권력의 속성이다."라는 데스몬드 모리스라는 영국 학자의 말이 가슴에 와 닿았다. 리더로서 내 두 번째 경험은 사뭇 달랐다.

그 후 한 외국계 회사로 자리를 옮겨서 딜링팀장을 맡았다. 국내 회사와 달리 그곳의 업무는 입체적이고 일의 차원도 매우 달랐다. 아주 복잡한 환경이었다. 긴장되었고 팀장으로서 잘 해내고 싶었다. 전 직장과 똑같은 상황을 되풀이하고 싶지 않았다.

그래서인지 언젠가부터 나는 딜링룸에서 원맨쇼를 하고 있었다.

의욕이 앞서서였을까. 팀원들이 내 의도대로 움직여 주지 않으면 가만두지 않았다. 모든 것이 완벽하길 원했고 팀원들의 작은 실수도 용납하지 않고 엄하게 문책했다. 딜링룸에서 일어나는 모든 일을 나는 완벽하게 장악하고 싶었다.

우리 팀의 분위기를 어떻게 알았는지 한 동료 팀장이 내게 다가와 이렇게 말했다. "날마다 직원들을 쥐잡듯하면 버티겠어? 풀어 줄 줄도 알아야지." 하지만 그렇게 해서는 성과를 낼 수 없다는 생각뿐이었다.

다행히 회사에서는 그렇게 열심히 일하는 모습을 인정해 주었다. 한때 아시아의 유력한 투자 저널은 우리 회사를 딜링 부문 1위로 선정하기도 하였다. 그러던 어느 날 채용한 지 얼마 지나지 않은 경력 딜러가 쭈뼛쭈뼛 내게 왔다.

"저…… 팀장님, 사정이 있어서 회사를 그만두겠습니다." 하는 것이었다.

"왜 그래, 이유가 뭐야?"라고 묻는 말에도 그는 아무 말도 하지 않고, 그저 "그만두겠습니다. 몸이 좋지 않습니다."라는 말만 되풀이했다.

상사에게 보고하자 그는 흔쾌히 대답했다.

"절이 싫으면 중이 떠나야지."

하지만 다음 날 상사는 나를 다시 불렀다.

"어제 그 일이 있고 난 후에 다른 딜러들과 면담을 했네. 자네를 기분 나쁘게 할 의도는 없네. 다만 그 자리에서 다른 딜러 한 명도 그만둘 의사가 있는 듯 말했다네. 무슨 이유인지 그 친구도 상세히 말해 주지는 않았지만 딜링룸에 뭔가 말 못할 문제가 있는 게 틀림없어."

"예? 예."

"내 말 잘 듣게. 만일 그 팀원마저 그만두면 자네도 떠나 주게. 자네가 일을 잘하는 것은 알고 있네. 하지만 팀원이 없는데 팀장이 무슨 소용 있겠나. 그렇지 않은가?"

그때의 충격을 잊지 못한다. 내 자리로 돌아와서 '나는 단지 잘하고 싶었을 뿐이고, 그래서 이렇게 열심히 딜링룸을 이끌어왔을 뿐인데. 무엇이 문제란 말이지?' 하는 생각뿐이었다.

다음 날부터 나는 하루 종일 직원들 눈치만 보았다. "팀장님, 점심 안 드세요?"라는 말을 듣고서야 점심때인 줄 알았고, "퇴근 안 하세요?"라는 말에 퇴근하기를 며칠 동안 반복했다. 하루는 팀원들에게 저녁을 함께하자고 하였다. 예전 같으면 무서워서 핑계를 대고 빠져나갔을 테지만, 최근 눈에 띄게 이상해진 팀장의 모습 때문인지 모두 모였다. 그날 저녁 나는 팀원들에게 모처럼 예전 직장에서 편안했던 팀장의 모습을 보여주었다. 돌아오는 차 안에서 속으로는 '좋은 게 좋은 거지.' 하면서도 여전히 '이렇게 하면 이 세계에서 살아남지 못하는데.' 하는 생각만 들었다. 그렇다고 어쩌겠는가.

그 후 리더로서 내 행동은 결국 이 둘 사이의 극단을 오고 갔다. 완전히 방임적이지도 그렇다고 팀원들을 옭아매지도 않았지만 여전히 쉽게 해답을 찾지는 못했다. 그것도 시간이 흘러 경력이 쌓이면서 조금은 나아지는 듯했다.

대부분 직장인은 언젠가 리더의 자리에 오른다. 리더가 되면 역할이 완전히 달라진다. 전에는 내 일만 하면 되었지만 이제부터 사람들을 움직여서 일을 해야 한다. 사람들을 움직이는 일이 그의 역할이다.

Q는 대리 때 국제사업부에서 근무했다. 거기에서 우연히 한 외국 투자회사와 업무로 인연을 맺어 친분을 쌓았다. 그러다 얼마 뒤 회사가 재정적 어려움을 겪게 되자 Q는 그 외국 회사로 하여금 인수하도록 주선하였다. 그 공로를 인정받아 그는 차장에서 바로 회사 대표 자리에 올랐다. 외국 경영진은 인수한 회사를 잘 아는 직원으로서 그만한 적임자는 없다고 보았다. 엄청난 고속 승진이었다.

하루아침에 대표가 되어 하루에 수십 명으로부터 보고를 받고 수많은 중요한 안건을 결정해야 했다. 많은 사람들을 만나 소통하는 일뿐 아니라 경험하지 못한 복잡한 업무를 이해하는 일도 쉽지 않았다.

노조 문제는 물론 주주 관계, 회사 실적, 잘 알 수 없는 수많은 현안이 그를 괴롭혔고, 무엇보다 위아래가 바뀐 위계질서에도 어려움이 있었다. 그의 나이 사십으로 어린 나이는 아니었지만 그때까지 그는 팀장 역할조차 맡아 본 적이 없었다. 그렇게 큰 조직을 하루아침에 인수받아 경영할 능력이 그에게는 없었다. 그는 결국 자리에서 물러났다. 준비되지 않은 초고속 승진은 그의 경력에 좋지 못한 결과만 남겼다.

아무런 준비가 없던 그는 어울리지 않는 자리에서 마음고생만 하다 일도 제대로 해보기 전에 밀려나고 말았다. 보건복지부 장관을 지냈던 유시민 씨가 모 TV 프로에서 이렇게 말하는 것을 본 적이 있다. "미리 충분히 준비하고 노력하지 않은 출세를 하면 반드시 동티가 납니다."

그래서인지 조금이라도 리더를 해 본 사람들에게 어떠했는지 물으면, 하나같이 업무 능력이 늘기보다 직원 다루는 역량이 많이 늘었다고 자평한다. 겪으면서 배운 것이다. 그러면서도 여전히 알면 알수록 모르는 것이 더 많아졌다고 대답하기도 한다.

그렇다 해도 완벽한 리더는 없을 것이다. 리더가 역할을 맡은 것은 엄밀히 말하면 누군가로부터 임무를 부여받았을 뿐이다. 대기업의 CEO도 결국 주주로부터 신임을 받아야 한다. '이익만 많이 내주면 무조건 OK!'하는 대주주는 요즘 드물다. 리더는 조직과 구성원들이 위로부터 제시된 방향대로 움직이도록 독려해야 한다. 기존사업에서 이익도 내고 매출도 늘려야 하며 신사업도 성공시켜야 한다. 결과도 내고 과정도 바꾸어 다른 모습을 보여줘야 한다. 힘들어하는 부하들을 동기부여하고 반발하는 노조도 다독이고 까칠한 주주들도 만족시켜야 한다. 때에 따라 위에서 차이고 아래에서 받히기 일쑤이다. 위아래에 있는 아무도 그 사이에 끼어 있는 사람의 마음을 이해하려 들지 않는다. 이렇게 사이에 끼어 괴로워하는 리더를 많이 본다.

디오니시우스라는 훌륭한 왕이 있었다. 어느 날 그의 어릴 적 친구인 다모클레스가 찾아와 이렇게 말했다.

"자네가 부럽네. 이 세상 모든 것을 다 갖고 있지 않나? 자네는 세상에서 가장 행복한 사람이야."

사실 디오니시우스 왕은 평소에도 다모클레스의 그런 질투를 느껴왔다.

"그렇지 않네. 정말 내가 그토록 행복한 사람이라 생각하나?"

"물론이지. 자네가 가진 부와 권력, 모든 것을 가졌고 또 원하면 무엇이든 가질 수 있지 않나?"

"그렇다면 나와 하루만 자리를 바꿔 살아보겠나?"

디오니시우스 왕은 다모클레스에게 제안했다.

"정말인가? 그렇게만 해 준다면!"

"좋아! 그렇지만 딱 하루만일세. 자네가 꿈꾸는 부와 권력을 한

번 누려 보게나."

다음날 다모클레스는 왕관을 쓰고 모든 신하들 앞에 나왔다. 왕의 옷을 입고 최고의 요리로 식사를 했고, 원하는 모든 것을 누렸다. 그렇게 왕의 행복을 마음껏 누리며 최고급 술을 잔에 따라 마시려는 순간 다모클레스는 머리 위에 무엇인가 있다는 느낌을 받았다.

'저게 무엇이지?'

천장을 올려다본 다모클레스는 소스라치게 놀랐다. 천장에는 머리카락 한 가닥에 위태롭게 매달린 칼이 그를 겨누고 있었기 때문이었다. 언제라도 끊어질 수 있는 머리카락, 그것이 지금이라도 끊어진다면 다음 일은 뻔히 보였다. 순간 그는 오싹해졌다. 그때부터 두려움으로 아무 일도 할 수 없었다. 그때 디오니시우스가 들어왔다.

"어떤가, 왕 노릇 할 만한가?"

"아니, 저 천장에 칼은 왜 있는 거지?"

디오니시우스는 빙그레 웃으며 말했다.

"저 머리카락에 위태롭게 매달린 칼 말인가? 내 처지가 그렇다네. 내 부하 가운데 누군가가 권력을 빼앗으려고 나를 죽일 수도 있고, 날 모함해서 힘들게 할 수도 있지. 또 다른 나라가 쳐들어와 나라를 빼앗고 나를 죽일지도 모르고. 내가 일을 잘못하면 그런 일들이 일어날 수도 있다는 말이지. 왕의 자리는 이런 위험에 둘

러싸여 있다네. 권력이 있으면 이런 의무와 위험이 따를 수밖에."

"아, 그렇군!"

다모클레스는 대답했다.

"내가 왕이란 자리를 너무 쉽게 생각하고 있었네. 권력을 누리는 일 외에도 골치 아픈 일이 그렇게 많다는 것을 전혀 알지 못했네. 이제 우리 자리를 원래대로 되돌리세. 마음 편하게 집에 돌아가고 싶어."

그 일이 있은 후 다모클레스는 왕의 자리를 부러워한다는 말을 한 번도 하지 않았다.

리더 역시 디오니시우스 왕의 말과 다르지 않다. 작은 조직에도 내부의 시기와 역모가 있고 정치가 있다. 또한 자신이 올라가지 못하면 내려가야 하는 것이 조직 특성이다. 수평 이동을 하면서 장기간 자리를 유지하기 어렵다.

대부분의 조직은 묵은 때처럼 덕지덕지 많은 문제를 안고 있고, 그 문제들은 서로 얽히고설켜 무엇 하나 속 시원히 해결할 수 없다. 한 가지 일을 해결하려 하면 실타래처럼 끌려 나오는 일들이 너무나 많다. 그런 일에는 내부에서 말도 많고 탈도 많고 사연도 많다.

어떻게 손을 써보기에는 이미 회사 경영이 어려워진 경우도 많다. 경영을 하라는 것인지 정리를 하라는 것인지, 도대체 회사가 이런 상황이 되도록 어떻게 이토록 방치했는지 모르겠다는 경영자도 보았다.

   모든 일을 삐딱한 시선으로 바라보는 직원들과 '나는 이렇게 지내다 정년이 되면 사라질 테니 내버려 두세요.'하는 직원들의 마음을 돌려세워 기꺼이 일을 하도록 해야 한다. 경쟁자의 견제를 피해야 하고 조직의 터줏대감들과도 잘 지내야 한다. 이런 일 모두 리더가 해야 하는 일이다. 이렇듯 리더의 자리 가운데 편한 곳이라곤 내 경험에 비추어 절대 한 곳도 없다.

사람이 사람을 움직인다는 것,
개인이 조직을 움직인다는 것

회사에 입사해서 경력을 쌓고 인사고과를 잘 받으면 대개 무난히 팀장이나 부장 같은 리더 역할을 부여받지만 사실 이것은 잘못된 일이다. 공부를 잘하는 학생이 반드시 좋은 선생님이 되지 않듯 내가 일을 잘하는 것과 다른 사람이 일을 잘하도록 영향을 미치는 것은 전혀 다른 이야기이다. 리더 자리에 앉기 전까지 오로지 자신이 맡은 업무를 가장 많이 하거나 좋은 성과를 냈기에 리더가 되었을 뿐, 사람들을 잘 움직일 줄 알아서 리더가 된 것은 아니지 않은가. 업무를 가장 잘했던 나이지만 팀의 일을 혼자서 다 할 수는 없으므로 결국 팀원들에게 역할을 부여해서 그들이 일을 하도록 해야 한다. 처음 경험하는 사람에게는 쉽지 않은 일이다.

헬스클럽에서 우연히 주부들의 대화를 엿들었다.

"나는 파출부를 쓰면 더 신경이 쓰여서 불편해. 그래서 아예 내가 직접 집안일을 하고 말지."하고 한 주부가 말했다.

"힘들 때 파출부가 와서 도와주면 좋지 않아요?"

"아니, 하는 일이 맘에 들지도 않고 일을 시키기도 부담스러워서…… 그래서 한 번은 일을 시키고 계속 쫓아다니면서 확인했더니 금방 그만두더라고. 내가 감시한다고 느꼈는지."

"그럴 수 있지."

"또 어떤 사람은 매번 나한테 와서 무슨 일을 하면 되겠느냐고 자꾸 물어보는 거야. 부담스러워서 오지 말라고 그랬지."

사람을 다루는 일은 어렵다. 돈이 있고 권세가 있어도 마찬가지이다. 사람들에게 일을 시키기 어려운 이유는 자신이 원하는 기대 수준이 너무 높아서 그럴 수도 있겠지만 무엇보다 사람들을 다뤄 본 경험이나 비결이 많지 않아서 일 것이다.

사실 일을 시키기 부담스러워 자신이 가사 일을 다 하는 가정주부라면 그래도 괜찮다. 하지만 수십, 수백 명의 부하 직원을 이끌고 일을 해야 하는 기업이나 조직의 리더들은 어떻게 해야 하나? 분명히 자신이 일을 다 할 수는 없다. 어떤 사람은 팀장이 되어서도, 임원이 되어서도, 대표가 되어서도 시시콜콜한 업무까지 챙기면서 그것이 마치 리더의 역할인 것처럼 생각한다. 이른바 대리급 리더이다. 누구를 대신한다는 의미가 아니라 대리나 과장급이 할 일을 윗자리에서 챙기는 당찮은 일을 범하는 사람이라는 뜻이다. 아랫사람의 업무를 윗사람이 일일이 챙기면 그 사람은 무엇을 하며 리더 자신의 일은 누가 한다는 말인가.

어떤 사람은 마치 "내가 실무에 밝다."라는 이미지를 주어서 구성원들이 그의 지식과 경험에 무릎 꿇게 하려 하기도 한다. 구성원들을 꽉 움켜쥐고 원하는 대로 움직여 보겠다는 의도이지만, 그런 방법은 매우 바람직하지 않다.

뛰어난 운동선수가 뛰어난 감독이 되기 어려운 이유

운동선수 가운데 대체로 현역시절이 화려했던 선수는 감독이 되면 성적이 그다지 뛰어나지 않다는 견해가 일반적이다. 독일의 베켄바워나 네덜란드의 요한 크루이프 등은 현역시절뿐만 아니라 감독으로서도 뛰어난 스타였던 예도 아주 가끔 있긴 하지만, 축구 황제 펠레도 감독으로는 그저 그랬고 축구의 신 마라도나 역시 현역시절만큼 화려한 성과를 내지는 못했다.

2010년 아르헨티나의 월드컵 대표팀 감독을 맡은 마라도나의 성적은 최강 아르헨티나팀과 축구의 신 마라도나가 다시 만나서 낸 성적치고는 매우 참담한 수준이었다. 지역예선에서 브라질과 볼리

비아에 크게 패했고 겨우 올라간 본선 8강전에서 독일에 4-0으로 패하며 탈락하였다. 게다가 선수기용에 대한 잡음도 끊이지 않았다. 하지만 아르헨티나 국민들이 그런 마라도나를 여전히 환호하는 이유는 아마도 그의 현역시절 마술에 걸려있기 때문이 아닐까 한다. 그는 감독이면서도 선수들 앞에서 프리킥 시범을 보이기도 했는데, 매번 기막히게 골 모서리로 차 넣는 장면을 보니 그는 여전히 대단했다.

여러분은 필시 우수한 업무 성과와 인사평가, 그 밖의 업적 등을 인정받아 팀장이 되었을 것이다. 그렇다면 여러분은 팀장으로서도 일을 잘할 수 있을까. 자기가 맡은 일을 혼자서도 잘해 왔다는 것은 확실하지만, 문제는 다른 사람들을 움직여 일을 하는 것은 처음이다. 자기 일에 빠져 있었을 뿐이다. 다른 사람에게 어떻게 일을 시켜야 할지 생각해 본 적도 거의 없고 그럴 위치에 있지도 않았다. 이제 여러분은 전혀 다른 임무를 맡았다.

마라도나는 경기에서 지고 있는 선수들을 보며 무슨 생각을 했을까. 여러분도 마치 그가 생각하는 것과 같은 상황일 수 있다. "이 바보들아, 시합을 그렇게밖에 못해? 답답하군."이라고 했을지도 모른다. 마라도나는 축구의 신동, 축구의 신이었지 선수들을 다루고 팀을 이끄는 데 신은 아니었기 때문이다.

능력이 뛰어난 사람이 리더의 자리에 오르면 그만큼 좌절이나 한계를 많이 느낀다고 한다. 자신만한 선수가 없기에 자신보다 못한 대부분 선수들의 관점을 이해하지 못할 뿐 아니라 다른 사람들의 힘에 의존해서 성공해 본 적이 없기 때문이다.

우리가 좋아하는 히딩크 감독은 축구감독으로서 세계에서 손에 꼽히는 명장이다. 여러 나라의 국가 대표팀을 맡아 각기 다른 문화와 환경 속에서 그 나라의 팀을 훌륭하게 이끈 감독은 흔치 않다. 히딩크 감독도 역시 현역시절 훌륭한 선수였다. 네덜란드 2부 리그 팀에서 1부 아인트호벤으로 그리고 프랑스와 미국 등에서 십여 년간 미드필더로 뛰었다. 하지만 그는 뛰어난 '스타 플레이어'와는 거리가 먼 선수였다. 한때 국가 대표였던 적도 있지만 시합에서 뛰지는 않았다. 그를 일컬어 "냅킨으로 쓰기에는 너무 크고 식탁보로 쓰기에는 너무 작다."고 네덜란드의 언론이 표현했다니 약간 어중간한 선수라는 뜻이다. 하지만 그는 선수 생활과 달리 감독으로서는 대단하지 않았던가.

최근 어떤 조사에 의하면 대기업에서 신입 사원으로 입사해서 임원이 될 확률은 0.6%라고 한다. 또한 팀장이 되지 못하고 직장생활을 마감하는 사람도 많다. 경쟁을 이겨낸 여러분은 훌륭한 선수임이 틀림없다. 하지만 감독으로서도 훌륭하게 될지는 지금부터가 중요하다. 여러분에게는 또 다른 게임이 기다리고 있다.

임원 된 지 1년 만에 아웃되다

어느 그룹 회사 인사 담당 임원의 말에 의하면 어렵게 임원으로 승진을 해서 1년 뒤 재계약이 되지 않는 경우, 그 이유는 간단하다고 한다. 첫째, 윤리 문제가 있거나, 둘째, 비리나 사고와 연계되었거나, 아니면 셋째, 직원들의 평가가 최악이었다고 보면 된다는 것이다.

부장으로서는 뛰어나서 임원이 되었지만 이렇듯 조기 퇴직을 당하는 것은 개인의 비극이기도 하지만 회사로서도 큰 손실이다. 부장으로서 하던 업무를 계속했다면 회사나 본인에게 더 좋았을 것이다.

팀원일 때는 잘하다가 팀장이나 혹은 임원이 되어서 조직 관리를 전혀 못 하는 사람들은 다양한 유형이 있다. 자신과 오랫동안 함께 있어 온 직원 위주로만 일을 해서 다른 직원을 철저히 배제하는 유형, 업무성과가 즉각 나오지 않는다고 하나하나 간섭하며 직원을 달달 볶는 유형, 그리고 자신이 뛰어난 팀원일 때처럼 자기중심으로 팀이 움직여주길 원하는 유형 등 다양하다.

영업 담당 임원이 되어서도 고객관리를 직접 하는 사람도 많고 인사 담당 임원으로 인사 계획을 자신이 짜면서 직원들을 보조원 취급하는 사람도 있다. 조직을 관리하며 가끔 고객들과 소통하거나 인사 계획을 주도하는 것은 좋지만 실무자처럼 영업하거나 직접 계획을 짜는 것은 임원의 모습이 아니다. 물론 회사가 그런 체계로 운영되거나 혹은 특정 고객이 중요하다면, 또는 이번 인사가 중요하다면 그럴 수도 있다. 하지만 계속 그런 식으로 업무를 한다면 그는 직원으로부터 고객과 업무를 뺏는 셈이다. 조직을 잘못 운영하는 것이다. 그런 일은 임원 본래의 역할이 아니다. 그의 역할은 직원을 통해서, 즉 조직을 움직여서 일을 하도록 하는 것이다.

역사적으로 보면 리더는 힘으로 사람들을 움직였다. 피라미드를 만든 것도 정치와 종교에서 막강한 힘을 가진 우두머리, 즉 파라오의 힘이었다. 그 밑에서 일을 거부할 수 없었을 것이다. 외딴 섬의 거대한 석상들도 당시 지배자의 강력한 힘과 사회 규모를 대변해 준다고 한다. 그만큼 힘이 강력했고 그 힘으로 사람들을 움직였다. 현대에도 여전히 그런 힘의 효력은 건재하다.

'내가 팀장이고, 내가 본부장이고, 내가 사장인데. 너희들 명줄을 잡고 있는데.'라고 말만 하지 않을 뿐 기본 줄기는 변하지 않았다. 힘으로는 여전히 많은 일을 할 수 있다. 인간 사회에서 그것은 영원히 사라지지 않을 것이다. 문제는 힘으로만 사람들을 움직이고자 한다면 그들은 마지못해 일을 할 뿐 절대 자발적일 수 없다는 점이다.

과거에 우리가 만난 많은 '보스'들 역시 권한으로, 즉 힘으로 사람들을 움직이려 한 사람들이 많았다. 리더와 보스의 차이가, 리더는 희망을 주고 보스는 겁을 준다고 했던가.

"이번 분기마저 실적이 좋지 않으면 대기발령 내겠습니다. 알겠지요?"

가장 수준이 낮은 리더십이다. 이런 상황에서 구성원들은 억지로 일한다. "이 망할 놈의 회사 언제 때려치우지?"하는 생각밖에 들지 않는다. 굳이 실적을 많이 내고 싶지도 않다. 대충 꼴찌만 면하면 된다. 힘으로 조직을 이끄는 리더는 구성원 모두가 꼴찌만 면하고자 하는 이른바 '면꼴정신'을 조장한다. 어떤 일이든 잘 될 리 없다. 우리는 공포정치로 실패한 국가를 많이 보지 않았던가.

자, 그럼 리더로서 어떻게 조직을 효율적으로 움직여야 하는지 비결을 알아본다.

STEP 1

먼저 한 배에 태워라

처음 한 조직의 리더가 되었다면 조직을 움직이기 전에 먼저 팀워크를 다져놓아야 한다.
그 방안에는 어떤 것이 있을까.

조직을 맡은 리더가 가장 먼저 해야 할 일.
이미 조직력이 있든 그렇지 않든
새로 임명된 리더에게 주어진 첫 번째 임무이다.

목표를 중심으로 뭉쳐라

우리가 한 조직에 몸담고 함께 일하는 것은 공동의 목표가 있기 때문이다. 만일 각자의 목표가 다르다면 같은 공간, 같은 조직에서 일할 필요가 없다. 대신 각자 사무실을 내고 혼자 다른 생각을 하며 일하면 된다. 한 가지 목표를 위해서 모인 것이 바로 회사 조직이고 그 안의 작은 조직 역시 마찬가지이다.

팀워크를 살리고 싶다면 결론은 이것뿐이다. 즉 공동의 목표를 확실하게 제시하고 구성원들이 그것을 공유하는 것이다. 공동의 목표를 위해 모두 일치된 모습으로 일한다면 그때 비로소 진정한 팀이 완성된다. 국가, 민족, 종교도 따지고 보면 그런 목표가 자연스럽게 만들어지고 공유되어 그 밑으로 사람들이 모인 것이다.

한때 업계 수위를 달리던 모 회사에 새로 부임한 S사장은 업계의 전설이다. 그는 CEO로서 최고의 실적과 전무후무한 기록을 보유하고 있다. 나중에 그를 만날 기회가 있어서 그의 성공 비결을 물었다. 그는 처음 CEO가 되었을 때, 가장 먼저 모든 부서장들과 함께 그들의 목표에 대해 하루 종일 자유토론을 하였다고 했다.

그들은 비난, 변명, 이렇게 되어버린 회사 상황 등을 주로 거론했다. 시간이 지나면서 과거의 명성에 비해 많이 쇠락한 회사의 모습에 대한 이야기도 나왔다. 이어서 더는 회사가 이렇게 되어서는 안 된다는 자조 섞인 말도 자연스럽게 나왔다.

그때 그들은 "회사를 업계 1위로 복귀시켜 구겨진 자존심을 회복하자."는 데에 의견을 모았다. 누가 들으면 업계 상위권 회사로서 별것 아닌 듯 생각하겠지만 중간 관리자인 부서장들이 신입 사원 시절 업계 최고였던 회사 생각을 하면서 울컥하는 감정이 있었음이 틀림없다.

인간은 기본적으로 무리 생활을 하는 동물이다. 무리 생활을 하도록 진화했다. 자기가 속한 무리를 잘 지키는 것이 나에게 도움이 된다는 사실을 인식하고 무리를 잘 만들기 위해 우선 노력하는 것이 이 무리 동물의 본능이다.

하지만 그 저변에는 또 다른 본능이 있다. 그것은 각 개체마다 지닌 이기적인 생존 본능이다. 이러한 생존 본능은 늑대처럼 무리 생활을 하는 동물과 호랑이처럼 단독 생활을 하는 동물로 분화되기 전부터 이미 모든 생명체가 타고난 본능이다. 결국 '사람은 무리 생활에 적응하고 이를 추구하지만 자신의 이기심이 이를 앞선다.'라고 결론 내릴 수 있다.

이 말은 조직이 구성원들에게 조직의 확고한 목표와 비전을 전달하지 못하면 개인은 각자의 이기심에 따라 행동함으로써 조직력은 곧 와해되고 만다는 의미이다. 조직의 목표와 비전을 설정하고, 그것이 개인의 목표와 비전에도 부합한다면 구성원들은 뭉쳐서 일하지 않을 수 없다.

프로 배구단 드림식스를 이끌었던 김호철 감독은 한때 구단의 모기업 즉, 주인이 없는 상태였다. 시간이 지나면서 팀의 존폐가 어떻게 될지 모른 채 막연히 경기에 나서는 상황이었고 선수들 역시 이 사실을 잘 알고 있었다. 생각이 많은 선수와 코치들. 경기가 잘 풀릴 리 없었다.

각자 스스로 살 궁리를 했다. 나만이라도 잘해서 좋은 팀으로 스카우트되어야겠다는 절박한 마음을 가지려는 순간이었다. 이때 김 감독은 개인이 아닌 팀 전체가 새 모기업을 찾아 모두가 살아남을 수 있는 방법을 제시했다. 뚜렷한 공동의 목표를 던진 것이다. 선수들은 당연히 호응했고 목표대로 움직여 주었다. 결국 그들의 목표대로 이루어졌다.

선수나 코치 모두가 뿔뿔이 흩어져 자기 살 궁리만 하는 상황에서 감독은 오히려 팀을 위한 목표를 던짐으로써 상황을 반전시켰다. 모두의 마음이 하나로 모아졌을 것이다.

리더는 적절한 팀의 구심점을 찾아 팀이 공동운명체가 되도록 만드는 것을 가장 먼저 생각해야 한다. 모든 사물이 그렇듯 팀 역시 이렇게 결집하면 모든 면에서 힘을 발휘하기 쉽기 때문이다. 사실 뭉쳐 있지 않고 흩어져 있는 것을 어떻게 쉽게 움직이겠는가.

가상의 적을 만들라
: 위기의식 불어넣기

역사적으로 일본은 내부가 정치적으로 분열되거나 대지진처럼 사회적으로 혼란스러운 사건이 일어났을 때 으레 사용한 전략이 있다. 그것은 바다 건너에 있는 우리나라가 그들을 침략하려 한다는 터무니없는 위기의식을 조장한 것이다. 그런 전략을 통해 그들은 내부 결속을 강화했고 위정자로서는 아주 쉽게 위기국면을 돌파할 수 있었다. 아무 관련이 없는 우리나라로서는 억울하기 이를 데 없지만, 일본의 정치가들은 외교보다 내부 결속을 더 중요시했기에 가상의 상황을 만들어 그런 식으로 이용했다. 이런 전략도 팀워크를 다지는 핵심이다.

비록 국가 내부 기강뿐만 아니라 군대도 주적 개념이 있을 때 사명이 명확해지고 조직력이 생긴다. 동남아의 한 작은 나라는 군대가 있지만 주적 개념은 모호한 상태이다. 아시아의 큰 나라 하나를 그들의 주적으로 삼고 있다고는 하지만 지리적으로 떨어져 있는 상황에서 현실성이 전혀 없다. 주변의 이슬람 국가들 역시 더욱 현실성이 없다. 결국 군대는 만들었지만 적이 없으니 아마 오합지졸을 면키 힘들 것이다.

최근 북한 김정은의 이런 발언이 화제가 되었다.

"3년 내에 청와대에 공화국의 깃발을 꽂겠다."

결국 내부 결속을 다지는 발언이다. 다른 말로 풀이하면 내부 결속이 약하다고 느끼는 증거이다.

리더도 가상의 적 개념을 이용할 수 있다. 예를 들면 이렇다.

"경쟁 팀이나 경쟁 본부, 경쟁사의 시장 과점을 막아라."

"경쟁 팀이나 경쟁사의 실적이 우리보다 나아지면 우리가 흡수 합병될 수 있다."

"우리가 설 곳이 없다."

"이것은 우리 생존의 문제이다."

위기의식 조성은 유사시 또는 리더가 팀을 처음 맡은 초기에 한 번은 써 볼 만한 전략이다. 초원의 얼룩말 떼가 왜 일제히 한 방향으로 뛰어가겠는가. 사자나 하이에나가 나타났기 때문이다. 조직은 위기가 생겼을 때 더욱 일사불란하게 움직일 수 있다.

그렇게 조직에 위기의식을 주었다면 리더 역할의 절반은 끝난 것이나 다름없다. 더 바람직한 방법은 리더가 그것을 드러나지 않게 하여 그들 스스로 느낀 것처럼 하면 좋다. 위기의식을 조성하는 전략은 조직 구성 초기 단계에서 단합을 이루려 할 때, 특히 좋은 수단이 될 수 있다.

마이크로소프트에서 노키아의 구원투수로 영입된 CEO 스티븐 엘롭Stephen Elop은 2011년 어느 날 전 직원들에게 다음과 같은 메시지를 발표한다.

그는 첫마디에서 "지난 몇 개월간 제가 주주, 업계 관계자, 직원들로부터 듣고 어떤 결론을 내렸는지 이야기하고자 합니다. 우리 노키아는 현재 불타는 플랫폼에 서 있습니다."하고 일성을 날렸다. 노키아를 당시 대규모 폭발로 화염에 휩싸인 북해의 석유 굴착 플랫폼에 비유했다.

그는 시추 플랫폼에 그대로 있으면 불에 타 죽거나, 아니면 차가운 바다로 뛰어들어야 했던 당시 한 근무자의 절박한 상황을 설명하며, 그때 그 근무자는 과감히 뛰어내렸고 그렇게 행동할 수밖에 없는 이유는 플랫폼이 불타고 있었기 때문이라고 말했다. 엘롭은 당시 노키아가 그것과 똑같은 처지에 놓여있다고 비장하게 말했다. 그는 또 석유 시추 플랫폼을 휘감은 '불길'과 같은 존재로 애플과 구글 그리고 중국의 저가 휴대폰을 꼽았다. 경쟁사들이 시장에 불길을 던지는 동안 그들은 무수한 기회를 놓쳤고 책임감과 리더십도 부재했고 서로 협력도 하지 않았다고 스스로 비판했다. 그는 이 상황이 이제 '바닥을 쳤다'고 했다. 그들은 새로운 기회를 잡을 것이며 합심하면 미래는 그들이 선택할 수 있다고 동기를 부여하며 메시지를 마쳤다.

이 전략에서 한 가지 마음속에 유념해야 할 것이 있다. 위기의식이 자연 발생적으로 생겨난 것처럼 해야 더욱 효과가 있다. 리더가 드러내놓고 위기감을 조성하는 것은 꼭 필요할 때만 해야 한다. 이렇게 할 경우 막연한 공포로 받아들이는 부작용을 일으킬 수 있고 이는 단지 조직의 피로감으로 남을 수 있기 때문이다. 또한 섣부른 위기감 조성에 대해 팀원들은 이렇게 받아들이기 쉽다.

"어차피 내 자리와 업무는 바뀌지 않아. 팀장, 본부장의 자리가 위협받겠지. 그래서 그렇게 난리들인 거지."

이때를 대비해 팀과 개인의 목표와 비전을 설정하고 성취감을 느껴보자고 강조하라. 그 일이 우리 회사와 조직을 위해 얼마나 중요한 일인지 설명하라. 그렇게 하면 개인은 물론 팀도 동기부여 될 것이다. 만일 조직에 위기가 닥쳐서 시작한 일을 중도에 그만두면 팀이든 개인이든 일의 의미는 온데간데없이 사라질 것이다. 그것은 모두에게 큰 손실이다.

은근히 위기감을 불어넣는 또 다른 방법으로는 역설적이지만 되도록 그들을 안심시키라는 것이다. 안심시키는 것은 불안한 사실을 조금 부각하는 것과도 같다. 또 안심시킨다고 그대로 안심할 정도로 마음 편한 사람들이 많지 않다는 점도 있다. 초보 리더는 애써 불안감을 조성하며 위기의식을 불러일으키지만 경험 많은 리더는 안심시키면서 그렇게 할 것이다. 그렇지 않아도 자꾸 어려운 일이 발생하는 상황에서 리더가 일부러 나서서 위기감을 조성하는 모습을 보일 필요는 없다.

그렇게 불을 지펴서 조직이 위기감을 느끼게 되었다면, 다음 단계에서 해야 할 일은 무엇일까. 위기감만 조성하고 아무 후속대책이 없다면 조직은 불안 그 자체로 리더를 불신하는 마음만 커진다. 이때 리더는 곧바로 불안감이나 위기를 타개할 대책을 이미 구상해 놓은 것처럼 제시하는 것이다. 내용이 복잡하거나 어렵지 않아야 한다. 한두 달에 걸쳐 집중해서 구상한 이론일 필요가 없다. 단순하게 화두를 던져도 효과가 있다. 위기를 타개할 대책으로 의견 일치를 이룰 정도이면 충분하다. 그것은 리더가 드러나게 준 것이 아니라 그들이 스스로 찾았다는 느낌을 주면 더욱 좋다.

최근 삼성의 이건희 회장은 신경영 20주년 기념 만찬 자리에 모인 주요 임직원과 협력사 대표들에게 "우리는 앞으로도 자만하지 말고 위기의식으로 재무장해야 한다. (중략) 실패가 두렵지 않은 도전과 혁신, 자율과 창의가 살아 숨 쉬는 '창조경영'을 완성해야 한다."라고 말했다.

삼성이 세계 스마트폰 시장 1위를 달성한 시점에도 여전히 그는 위기론을 들고 나왔고 그에 대한 해결책으로 창조경영을 제시했다.

리더가 위기의식을 조성할 때는 반드시 그 대안을 함께 제시해야 한다는 것을 알 수 있다.

사실 많은 사업 분야에서 1위 경쟁사가 시장을 휩쓸고 간 자리에 다른 기업들이 살아남을 수가 없었던 사례는 무수히 많다. 점점 승자 독식 사회로 가기 때문이다.

A가 몸담고 있는 회사는 동종 업계의 XYZ사로 인수합병 되는 절차를 진행하고 있다. 이미 시장에서 들리는 소문은 협상이 끝난 것이나 다름없다는 의견이 대부분이다. 합병이 되면 A는 팀장 자리를 유지할 수 있을지, A의 팀원들이 현재의 업무를 계속하게 될지 알 수 없다. XYZ사가 전반적으로 규모가 크고 역량이 뛰어난 것은 사실이기 때문이다. 요즈음 A는 출근하면 선임 팀원 두서너 명과 건물 밖에 모여 땅이 꺼질 듯 한숨을 쉬며 담배를 피우는 게 일이다.

21세기의 기업 환경에서 인수합병이나 대주주 변동은 자주 일어나는 일이다. 당황스럽지만 이때를 오히려 기회로 살릴 수 있다. 이미 상대는 정해져 있다. 경쟁자는 회피하려 해도 이미 엄연히 존재한다. 경쟁자는 우리보다 느슨해져 있을 가능성이 높다. 자기들이 '점령군'이라 믿기 때문이다. 그러므로 기회가 없다는 생각만 하면 섣부른 판단이다.

J는 팀장으로 팀을 잘 이끌어 오고 있었다. 신사업을 추진하는 팀이어서 전망도 좋고 회사에서 관심도 받고 있었다. 그런데 본부 내에 다른 팀이 하나 더 있다. 그 팀 역시 신사업 추진팀으로 사업을 추진하는 과정에서 거래 회사들과 문제가 발생해 현재 소송을 진행하고 있다. 소송 사건이 얼마나 확대될지 모른다는 이야기도 법무팀 직원으로부터 들었다.

때마침 회사에서 조직 슬림화 바람이 불었다. 본부를 축소하고 팀 수도 줄이는 데 J의 팀도 포함되었다는 정보를 들었다. 당연히 자신이 통합팀장으로 골치 아픈 소송이 걸린 팀을 흡수 합병할 것이라는 소문이었다.

하지만 결과는 반대였다. 회사는 소송을 잘 끝내라는 의미인지 오히려 J의 팀을 흡수 합병하는 팀 조정을 하였다. 당연히 J는 팀원으로 전락했고 팀의 전력은 신사업보다 소송 위주로 바뀌었다.

회사의 모든 팀들은 합병 바람에서 살아남기 위해 상대가 될 팀들과 치열한 경쟁을 하고 있었는데 J가 이를 가볍게 보아 넘긴 게 큰 실책이었다. 위기였던 그쪽 팀이 오히려 기회를 잡았다.

위기 상황이 발생하면 더 활발하게 움직일 수 있는 것이 조직이다. 위의 경우는 "운이 나빴다."라고 볼 수도 있지만, 그만큼 "위기를 못 살렸다."라는 생각을 지울 수 없다. '가상의 적'이 아닌 '실제의 적'이 눈앞에 있는데도 너무 안일했다.

결론으로 말하면 '가상의 적'을 세우는 전략은 반드시 어떤 대상만 되는 것은 아니다. 시장 변화 내지 업계가 재편되는 과정에서 우리 회사와 팀이 생사의 기로에 설 가능성이 있다면 그런 상황이 곧 적이다. 이런 위기감이야말로 구성원들이 많은 생각을 하지 않고 쉽게 움직이는 환경이 된다. 리더라면 그런 변화도 시나리오화해서 이용해야 한다. 사람들은 편안하고 안정적일 때 강하게 뭉칠 이유가 없기 때문이다. 특히 움직이기에 앞서 단합해야 하는 초기에 이런 위기의식 전략이 효과를 발휘할 것이다.

하지만 이 전략을 자주 사용하면 면역이 생겨 더 이상 쓸 수 없게 된다. 마치 양치기 소년처럼 늑대가 왔다는 거짓말로 마을 사람들을 속이다가 진짜 늑대가 나타나는 위기상황이 닥쳤을 때, 마을 사람들이 양치기 소년을 믿지 못하여 도움을 주지 않는 이치와 같다.

비전을
제시하라

위기의식을 불어넣고 팀워크를 다져 놓았다면 리더는 다음 단계에서 위기 상황을 타개할 방안을 제시해야 한다. 그것은 목표일 수도 있고 비전일 수도 있으며 단순한 업무의 사명감을 제시하는 것일 수 있다. 상황에 따라 모두 가능하다.

그런 면에서 리더가 일관된 비전을 정리하고 선포하는 것이 필요하다. 특히 규모가 크고 구성원의 수가 많은 조직이라면 꼭 이런 개념이나 비전을 명확하게 발표한 후 시작해야 한다.

현실에서 매일 일상 업무 중심으로 이루어지는 소규모 팀의 리더가 거창한 비전을 제시하는 것은 어울리지 않을 수 있다. 하지만 더 큰 조직의 리더가 되기 전에 한번 시도해보라. 많은 사람으로 구성된 조직에서는 반드시 그들을 하나로 묶어줄 목표를 던져야 한다. 그래야 조직이 한 방향으로 갈 수 있다. 요즘 세상에 그저 열심히 하는 것만으로는 평범한 리더가 되기도 힘들다. 모두 열심히 하기 때문이다.

비전으로 똘똘 뭉친 조직은 바로 사회단체 같은 곳이다. 그곳을 직장으로 다니며 돈을 벌려는 사람은 거의 없다. 모두 좋은 뜻과 일치된 생각으로 모여서 하고 싶은 일을 하겠다는 사람들이다. 만일 조금이라도 다른 생각이 있는 사람, 개인의 이익을 추구하는 사람이 있다면 그곳에서 버틸 수 없어 떠나게 마련이다. 개인과 조직의 비전이 일치하는 사람만이 그곳에서 만족을 찾을 수 있다.

국가나 사회를 위한 거대한 사업 비전도 있지만, 영리를 추구하는 일반 기업으로서 현실적인 작은 비전도 있다.

모 정당의 대선후보로 나섰던 손학규 후보는 '저녁이 있는 삶'이란 따뜻한 비전을 내세웠다. 아버지와 자녀들이 함께할 수 있는 저녁, 아내와 어머니에게도 저녁이 있는 삶 그리고 아이들에게도 미래의 꿈이 있는 삶 등을 구체적으로 제시했던 것으로 기억한다.

낮에는 일터에서 열심히 일하고 저녁에는 집에 돌아와 가족들과 좋은 시간을 보내는 삶, 산업화가 진행되면서 이런 삶은 우리에게 없었다. 심지어 집에 일찍 들어오는 가장을 문제가 있는 것처럼 여기기도 하였다. 어느 정도 잘살게 된 지금 우리는 더 이상 돈 버는 기계와 같은 가장을 원하지 않는다. 그런 가장은 가족과 유대가 거의 없기 때문이다. 그가 은퇴했을 때 가족과 어울리는 데 많은 어려움을 겪을 것이다. 일생 동안 오로지 돈을 벌어다 준 일밖에 없다. 그것은 가장의 책임일 뿐이지 가족을 위한 삶의 모든 것은 아니다. 가족과의 단란한 저녁 시간, 즐거운 대화, 아름다운 추억들, 취미생활 같은 저녁이 있는 삶은 정치를 떠나 아주 좋은 비전이라 할 수 있다.

이익집단으로서 기업은 그들이 판매하는 상품에 대한 정의가 비전에 가까운 반면, 사회단체 같은 비영리집단은 존재 이유가 비전이라 할 수 있다. 이런 비전을 정해 놓고 공유하면 조직은 하나가 될 수 있다.

모 TV의 코미디 프로그램 PD는 그들이 추구하는 코미디를 '갓 짜낸 우유 같은 개그'라고 한 적이 있다. 이미 나와 있거나 진부한 형식의 개그가 아닌 매일 아침 마시는 신선한 우유 같은 프로그램을 만들겠다는 말이다. 그렇게 하려면 개그맨이나 작가가 엄청나게 많은 노력을 해야 한다. 개그가 신선하지 않다면 웃음을 억지로 짜내는 뻔한 수법이 될 뿐이어서 그런 코미디 프로그램을 즐길 사람은 없다는 것이다. 그런 비전에 힘입어 그의 프로그램은 십 년을 훌쩍 넘기는 장수 프로그램이 되었다. 그런 비전을 가치 있게 보는 사람들이 모여서 일하는 곳이 바로 그 코미디 프로그램이다.

그렇다면 모든 사람이 이런 비전을 원할까. 예를 들어, 하루에 몇만 원을 버는 일용직 노동자에게 일의 비전을 주기는 어렵지만 원치도 않을 듯싶다. 하지만 청운의 꿈을 품고 입사한 여러분 회사의 직원들은 명확한 비전을 원한다. 그들은 일을 하되 당연히 의미 있는 일을 하고 싶어 한다. 그런 의미를 함께 만들고 공유하라. 그렇지 않으면 시간이 지나면서 모두 뿔뿔이 흩어질 수밖에 없다. 각자 다른 비전을 생각하거나 자신만의 안위를 먼저 생각한다면 당연히 조직력은 생기지 않는다.

이런 일은 긴 시간 동안 일어나는 것 같지만 사실 오늘 하루 업무에도 영향을 주고 있다는 것을 명심해야 한다. 조직이나 리더가 구성원들에게 비전을 제시하지 못하면 그들은 이기적으로 행동한다. 그들을 비난하기에 앞서 리더는 조직을 위해 자신이 무엇을 제시했는지 돌이켜 보아야 한다.

강한 문화가 조직력이다

모든 조직에는 나름대로 독특한 문화가 있다. 사람들이 모이면 관습이나 의식ritual 등을 만들어 내는데 그것이 곧 문화이다. 그것은 단지 문화일 뿐 그 이상의 것이 아닌 것 같지만, 조직마다 서로 다른 문화는 결국 그들을 각각 하나로 묶어 주는 수단이 된다는 점을 이해해야 한다. 강한 조직을 만들고 싶은 리더라면 문화 요소를 건드려 주어야 한다. 아직 특별한 문화 요소가 없다면 리더로서 새로 만들어 가는 것을 생각해야 한다. 오래된 회사일수록 자연발생적으로 전해 내려오는 의식이 많고, 역사가 짧은 회사일수록 새로 만들어낸 의식이 많기 때문이다. 모두 필요에 의해 그렇게 된 것일까.

어떤 회사는 직원들이 회식을 할 때 진행하는 흔한 의식이 있다.

바로 폭탄주를 제조하여 첫 잔을 모두 비우는 의식이다. 이것은 폭탄주 잔을 일렬로 세워 제조하는 방식인데 처음 이 장면을 보면 엄숙하기까지 하다. 과연 요즘 세상에 대학 신입생 MT도 아니고 억지로 술을 마시는 데가 다 있나 하는 생각이 든다. 하지만 첫 잔에 대한 부담이 그리 크지 않고 폭탄주 제조의 재미와 함께 마신다는 의식이 조직의 소속감을 고취하는 데 매우 효과적인 방법이었다.

또 다른 회사의 회식은 직원들이 다 모이면 우선 먼저 다른 직원들이나 조직에 덕담을 한마디씩 한다. 참석자 모두가 다 해야 끝이 나는 의식이다. 말하기 부담스러울 테지만 많이 해보아서 그런지 다들 말을 잘한다. 그렇게 한 바퀴 돌며 덕담을 하고 나면 스스로 '잘해보자.'고 말한 까닭에 삐딱한 시선은 사라지고 분위기도 아주 좋아진다. 회식 자리이지만 하나의 종교 의식 같은 효과를 낸다.

외국 회사에 근무할 때 가끔 본사로 출장을 가면 그들의 회식 자리에 갈 기회가 있다. 당연히 각 나라 회사마다 다양한 문화가 있다. 서양 회사는 그들 방식의 파티처럼, 모여서 맥주병이나 칵테일 잔을 들고 서서 모르는 직원들과 편하게 대화를 하며 회식을 시작한다.

그게 그들에게는 편할지 몰라도 문화가 다른 필자에게는 너무도 어색한 분위기였다. 그것도 빈속에 맥주를 조금 빨리 마시면 곧 취기가 돌게 마련이다. 그 상태에서 전혀 모르는 외국인 직원들의 독특한 억양이 섞인 영어를 들으며 대화하는 일은 거의 고문에 가깝다. 서울에서 술 마시고 모르는 사람과 말을 거는 경우는 시비가 붙었을 때 외에는 없지 않나. 그래도 이질감을 느끼기보다 적응하려는 노력이 중요하다. 인간은 무리 생활 동물이고 무리에는 문화가 있다.

기업 문화는 특히 많은 사람들이 모이는 자리에서 드러난다. 회식뿐만 아니라, 회의 때 역시 문화 요소가 많이 나올 수 있고 시상식 같은 회사의 이벤트에서도 많이 드러난다. 영업 실적이 우수한 직원, 업무 성적이 뛰어난 직원을 의식에 맞춰 내세워 주는 것도 좋은 문화로써 조직력을 높여줄 수 있다.

어떤 회사의 우수 직원 시상식 행사를 볼 기회가 있었다. 그곳은 특이하게 시상식에서 수상자가 무대를 등지고 선다. 당연히 수상자들은 직원을 향해 서게 된다. 이름을 부르자 그들은 모두 무대로 뛰어 올라왔다. 그리고 장한 얼굴들을 모든 직원들에게 보여주었다. 그 과정에서 특이한 것은 비트가 강한 음악을 틀고 박자에 맞춰 시상자를 부른다. 수상자가 뛰어오르면 시상하면서 하이파이브와 헹가래, 그리고 사진 촬영까지 광란의 분위기를 연출한다. 마치 학교졸업식 분위기 같다. 수상한 직원에게 한 마디 소감이나 감회를 발표하게 하거나 따로 시간을 배정해 성공사례 같은 강연을 시키기도 한다. 그 분위기에 익숙하지 않은 필자는 모두 제정신이 아닌 사람들처럼 보였다. 흡사 사이비 종교 집단과도 같았다. 어떤 직원은 기뻐서 앉은 자리에서 소리쳐 울기도 하였으니 섬뜩하기 이를 데 없었다. 다단계 판매도 아닌 멀쩡한 대기업에서 이런 일이 가능하다니. 그것은 엄숙해야 할 시상식을 축제처럼 꾸미며 그들이 마음껏 즐길 수 있게 직원을 우선하는 정책을 반영한 행사였다.

반면 과거 학창 시절 운동장에서 상을 받는 모습은 이와 정반대이다. 매일 보는 교장선생님은 언제나 전교생을 향해 서고 상을 받는 친구들은 뒤통수밖에 보여주지 않고 상장을 받는 즉시 단상 아래로 내려간다. 수상의 기분을 특별히 느껴보기에는 너무 짧은 시간이다. 마치 죄지은 듯 나타났다 사라진다고 하면 너무 심한 표현일까. 당연히 소감은 없는 대신, 교장선생님이 훈시를 한다. 앞의 사례와는 완전 반대이다.

직원을 우선하는 정책을 의식으로 보여주는 회사는 그만큼 직원 중심이어서 직원들도 책임감을 갖는다.

이런 의식을 외부인이 볼 때 간혹 우스꽝스러워 보일 때도 있다. 하지만 그것은 엄연히 그들의 기업 문화이다. 인간의 조직이라면 문화가 존재하고 리더라면 그것을 이용할 줄 알아야 한다. 내부 사람이라면 오히려 무시할 수 있는 것도 외부에서 들어간 리더는 이것을 적극적으로 따라볼 필요가 있다. 이는 자신의 불리한 점을 보완해 주고 조직을 결집시키는 중요한 무기가 된다. 문화나 의식이 진부하다는 느낌이 들면 의도적으로 새로 만들어 보는 것도 생각해 봐야 한다. 대부분 많은 회사에서 문화가 틀을 잡고 있다. 이미 존재하는 문화를 거스르지 않는 선에서 새로운 문화 요소를 주입하는 것도 필요하다. 다만 구성원의 소속감을 키우고, 너무 흔하지 않으며, 또한 건전하게 만들어야 한다.

소통하는 문화

21세기에 들어선 지금 아직도 기업 문화의 격차가 가장 많이 드러나는 부분이 무엇보다 직장 문화의 경직성이 아닌가 싶다. 일본 기업의 예를 들면, 직원 사이의 위계질서가 강한 편이다. 일본어는 우리말처럼 높임말과 반말이 다양하고 대부분 일본 기업 역시, 우리 기업들처럼 공채 기수 개념이 있어서 선후배 사이의 관계가 엄격한 듯하다. 그래서인지 후배에게 지시성 반말로 하대하는 일이 흔하고 따라서 '선후배'의 개념이 우리 기업보다 조금 더 강한 것처럼 보인다. 반면 동남아 국가 기업에서는 높임말 표현이 거의 없는 영어나 중국어가 공용어이고 공채 선후배의 개념이 약해서인지 동료라는 개념이 더 강하다. 개인주의 성향이 많긴 하지만 그만큼 대화는 편하게 할 수 있다.

어느 쪽이 더 좋은지는 상황마다 다르겠지만 팀의 경쟁력, 조직력을 만들기 위해서 원활한 커뮤니케이션이 가능한 환경이 꼭 필요하다는 점이다. 예전에 히딩크 감독이 제안했던 '선후배 선수간 별명 부르기 문화'도 독특했다. 선배를 따로 부를 이름이 없어 패스를 못하는 경우가 있다는 것을 관찰하고 내놓은 새로운 문화였다.

80년대부터 종합상사에서는 선후배 사이에 '박 과장님', '이 대리님' 그리고 '김 모 선배님' 대신 텔렉스 수신용 '영어 머리글자'를 이름 대신 부르는 게 흔한 문화였다. '하다 보니 그렇게 되었다'고 선배들이 이야기하지만 이런 풍토가 서로 수직적으로 형성되는 관계를 완화해 주기도 한다. 어떤 그룹은 전체적으로 임직원 이름에 '님'을 붙여 부른다고 한다. 이렇게 하면 경직된 분위기를 누그러뜨리고 편안하게 소통할 수 있을 것이다. "김 상무님"하는 것보다 "김 철수 님"하는 게 더 친근하고 인간적이다. 익숙해지는 데까지 얼마 동안 시간이 필요할 것이다.

필자의 오랜 외국기업 경험으로 보아 우리 기업문화의 가장 큰 걸림돌은 위아래 사이의 경직성이고 거기에는 높임말, 반말 그리고 호칭이 작용한다. 대화할 때 갖춰야 할 예의가 상대적으로 매우 많다. 의사전달을 하려 해도 한동안 뜸을 들여야 한다. 돌려서 말하거나 기다리기도 해야 하며 상대방 눈치도 봐야 한다. 상사에게도 내가 그렇고 부하들도 나에게 그렇다. 물론 외국의 문화에도 그런 높임말, 반말과 호칭문제, 선후배 관계가 경직되어 있다면 우리가 그곳에서 일하더라도 전혀 문제되지 않을 것이다. 동일한 상황이기 때문이다.

결론을 말하면 리더로서 조직을 결집시키기 위해서는 다양한 문화 요소를 잘 다루어야 한다. 종교 집단의 지도자들이 잘 쓰는 것도 바로 이 문화적 의식이고 차원 높은 리더만이 잘 구사하는 부분이라고 생각한다. 아무튼 성공하는 조직의 특징을 보면 반드시 그런 고유 문화가 있고 그 문화를 중심으로 조직이 뭉쳐 있다는 사실이다.

작심하고 질책하라
: 긴장감 조성

"내 경우 어떤 조직이든 내가 처음 리더로 부임하면 우선 먼저 분위기를 보다가 한 명을 고릅니다. 내게 고분고분하고 어느 정도 선임이면서 여론주도자인 사람을 선택합니다. 그런 다음 그에게 꼬투리를 몇 개 잡아 크게 혼을 냅니다. 사람들 다 있는 데서 말입니다. 누가 보아도 심하다 싶을 정도로 그를 혼내면 그때부터 다른 직원들은 나에게 두려움을 갖습니다. 구성원들이 이제 누가 보스인지를 알게 된다는 뜻입니다. 조직 관리를 하는 데는 어떤 면에서 그런 과잉 행동도 필요합니다. 리더십, 리더십 하지만 결국 리더가 보스라는 사실을 인식시켜주는 게 중요하지요."

"리더라면 조직에서 신비스런 맛이 있어야지요. 너무 직원들 앞에서 친근한 이미지나 감성적으로 허약한 이미지를 주면 조직을 강하게 이끌어 가는 데 도움이 되지 않습니다. 악역은 부하 직원에게 맡기고 리더는 카리스마 이미지를 관리하는 것이 필요합니다."

이런 리더십 철학을 가진 사람을 직장 생활하면서 많이 보았다. 의외로 이런 사람들이 장수하는 경우도 있었다. 하지만 이런 전략은 이제 너무 시대에 뒤떨어진 생각이 되었다. 회사가 폭력 조직도 아니고 요즘 세상에 무슨 이런 리더십 전략이 있단 말인가. 결국 이 사람들은 공공의 적으로 찍혀 한두 명의 심복과 함께 활동하다 업계에서 사라졌다.

리더의 권위를 내세우는 것은 조직에 긴장감을 주는 전략으로 어느 정도 유효하다. 하지만 조직 상하 간에는 소통이 이루어지지 않는다. 긴장감을 효과적으로 주는 전략은 따로 있다.

많은 외부 직원들을 채용하여 다시 창업하다시피 한 회사를 다닌 적이 있다. 조직 문화가 정착되지 못하고 항상 어수선하던 회사였다. 서로 모르는 직원들이 모여서 업무를 하다 보니 일 처리 방식이 다르고 각기 모래알처럼 뭉치지 못했다.

그즈음 신입 사원들을 채용해 협회로 연수를 보냈다. 연수 마지막 날, 200여 명의 다른 회사 신입 사원과 합동으로 받은 연수평가에서 그 회사의 신입 사원 가운데 세 명이 끝에서 1, 2, 4등을 했다. 연수를 가서 거의 놀다시피 한 것이다. 그러자 회사는 즉시 그 신입 사원들의 계약을 해지하는 초강수를 두었다. 그들은 수습 기간이어서 가능했다. 이에 모든 경력 직원들은 놀라워했다.

"물론 외부 연수를 가서 평가가 좋지 않다면 고과에 반영하든 어떤 다른 조치이든 내릴 수 있는데도 수습계약을 해지하다니."

지금까지 업계에서 이런 조치를 본 적이 없다. 또한 퇴사시킨 신입 사원들 가운데 대주주나 임원과 관련된 사람도 있었다.

이 일이 있고난 후 조직은 긴장하기 시작했다. 그동안의 방만하고 이완된 조직에서 투명한 조직, 긴장감이 살아있는 조직으로 바뀌기 시작했다. 회사의 분위기가 새로워졌다.

가끔 직원을 전에 없이 혼을 내서 정신 차리도록 하는 것이 필요하다고 믿는다면 이것을 계획적으로 해 보면 어떨까. 이런 전략을 일부러 기획해서 활용하는 상사가 있었다. 회사의 분위기가 어수선하고 초점이 없을 때 이런 전략이 가능하다.

전에 함께 일하던 상사 가운데 조직의 논리를 아주 잘 이해하고 이용할 줄 아는 분이 있었다. 이를테면 "내가 오늘 회의 시간에 자네를 심하게 혼낼 테니 그런 줄 알게." 그러고는 후회하지 않을 만큼 아주 혹독하게 질책했다. 기획된 이벤트이다 보니 나는 다만 크게 혼나는 표정으로 앉아 있으면 되었다. 분위기가 갑자기 변하자 이를 지켜보는 사람들은 순간 정신이 확 드는 느낌이 들며 '이게 뭐지?'하며 긴장했다.

이런 방법은 편법이긴 하지만 때에 따라 긴장감을 되살리고 주의를 집중시키기 위해 필요하다. 질책을 당한 본인은 아무렇지 않지만 직원들이 쭈뼛쭈뼛 다가와서 이렇게 말하는 것이었다.

"죄송합니다. 저희가 잘해야 하는 건데."

"아니야. 그럴 수도 있지. 말씀하신 게 다 맞잖아. 우리가 열심히 해야지."

이런 일을 거꾸로 연출하는 사람도 있었다.

어느 날 팀장 하나가 전화를 걸어오더니 이처럼 말했.

"본부장님, 우리 부서 회의에 오셔서 우리 팀 실적에서 이러이러한 부분이 형편없다고 크게 혼을 내 주세요. 괜찮습니다. 저희 팀원들을 요즘 조금 풀어 줬더니 긴장감이 없습니다."

자신은 악역을 하지 않고 본부장에게 악역을 맡으라는 이야기이다. 그들 조직이 잘 운영되기만 하면 본부장의 이미지를 약간 희생한들 대수이겠는가. 이 역시 팀원들에게 긴장감을 주는 데 상당한 도움이 되었을 것이다. 그는 자신의 이미지 면에서도 팀원들에게 막연히 압박한다는 느낌을 주지 않고 쉽게 분위기 반전을 하였고 원하는 결과를 얻었다. 자신이 직접 나서지 않고도 팀원들에게 긴장감을 주는 방법이다. 이 전략을 실행할 적기는 회사의 전략 방향을 바꿀 때이고, 구성원들이 그것을 의도적이든 아니든 무시하는 분위기가 있을 때 활용하면 효과가 있다. 그렇지 않고 이렇다 할 쟁점이나 경고할 상황이 아닐 때에도 자주 쓰면 구성원의 피로만 쌓이게 할 뿐 별로 의미 없는 전략이 될 것이다.

리더는
귀신같아야 한다

아는 분 가운데 줄곧 금융업계에서 근무하다 특이하게 업종이 전혀 다른 유통업 분야로 이직한 임원이 있었다. 이직했다기보다 이직되었다는 표현이 더 맞을 것 같다. 본인이 전혀 생각하지 못했던 분야로 가게 되자, 그는 "여기 재미있어. 사람들도 좋고. 생각보다 회사가 재미있네."하며 좋아했다. "직원들이 다 전문가라서 나는 그냥 앉아서 직원들 관리만 하면 돼."라고 말했지만 그것도 잠시 회사는 그를 곧 내치고 말았다. 그를 채용한 효과가 별로 없다는 판단이었을 것이다.

어느 회사에 근무하는 A 팀장을 만나 고민을 들어 볼 기회가 있었다. A는 당시 마케팅팀 팀장으로 발탁되어 승진하였다. 자신은 영업팀에서 잔뼈가 굵었고 우수 영업 사원으로 여러 해를 보냈다. 그의 고민은 아직 팀장이 되기에는 직급이 낮았을 뿐 아니라, 언젠가 팀장이 되면 영업팀장이 될 것으로 생각했지 마케팅팀장이 되는 것은 꿈에도 생각하지 못했기 때문이었다.

주변 사람들도 이번 인사에 대해 이상하게 여겼는지 A에게 인사이동 사실을 미리 알고 있었느냐는 등의 질문을 하였다. A의 상사였던 영업팀장은 회사에서 A에게 다양한 업무를 익히게 하려는 의도이니 팀장으로서 잘 해보라고 하였다. 하지만 화장실에서 우연히 엿들은 사람들의 이야기로는 A의 마케팅팀장 진급이 그의 경력에는 중대한 시험대가 될 것이라고 보는 듯했다.

다음날 마케팅팀 팀원들과 처음 인사를 하며 간단히 대화를 해보니 영업팀과는 전혀 다른 분위기를 느꼈다. 팀원들 모두 말수가 적고 눈을 잘 마주치지 않았다. 사실 초등학교 이래 누구를 대표하는 일을 해 본 적이 없는 A 역시 어색하기는 마찬가지였다. 그래도 잘 해보자는 이야기를 하며 상견례를 끝냈지만 마케팅팀의 분위기는 떠들썩한 영업팀과 달리 너무나 차분하였다. 팀에는 A보다 나이가 두어 살 많은 직원도 있었고, 외부에서 채용하여 자유분방한 직원 등 다소 개성이 강해 보이는 팀원들도 눈에 띄었다. 팀워크는 물론 근무기강이나 위계도 없어 보였다.

회사 선배 한 사람은 그런 상황에서 이렇게 말했다. "영업팀 분위기와 본사의 팀 분위기는 많이 달라. 여기서 영업팀 분위기처럼 이끌어 가려 하면 팀에 복잡한 문제가 생겨. 있는 그대로 받아들여야 해." 그래서 A는 업무성격이 달라 그럴 수도 있겠거니 생각하며 우선 받아들이기로 했다.

우선 마케팅팀의 업무를 모르니 그들에게 현황 보고를 지시했다. 업무는 기업홍보, 기업 IR, 영업지원과 마케팅까지 다양했고, 내용을 일일이 다 이해하기까지 상당한 시간이 소요될 듯했다. 더구나 팀원들은 각 업무분야를 10년 가까이 담당한 전문가들이라 A가 배우면 배웠지 무엇을 지시할 성격은 아닌 듯했다.

현황 보고를 듣고 난 A는 마케팅팀에 관해 더 조사를 했다. 전임 팀장이 마케팅 업무만 15년 이상을 한 전문가이며 권위가 매우 강한 성격이어서 팀원들은 그에게 눌려 지냈다. 그러다 업무를 잘 모르는 A가 팀장으로 오자 모두 만세를 부르며 좋아했다고 한다.

며칠 동안 팀을 어떻게 이끌지 고민하던 A는 마침내 팀원들이 자율적으로 일할 수 있는 여건을 만들어 주는 쪽으로 팀 운영방향을 결정했다. 팀원 각자와의 면담에서도 그들의 의견을 최대한 존중해 줄 테니 자신 있게 좋은 의견을 제시해 보라고도 하였다.

일주일이 지나자 팀 분위기는 예전보다는 많이 밝아진 듯 했다. 팀원들도 각자 바쁘게 움직이며 활기차게 일하는 모습이었다. 우연히 만난 회사 선배는 "마케팅팀 분위기가 많이 바뀌었다는 말을 들었어. 잘 해봐."라고 하였다. A는 사실 자신이 할 수 있는 일이 별로 없다는 생각에서 각자의 의견을 존중하고 그대로 밀어주겠다고 말한 것뿐인데 이런 효과가 있으리라고 생각하지 못했다. 예전의 영업팀장들은 항상 전쟁터의 소대장처럼 포화 속으로 먼저 뛰어드는 솔선수범을 보여야 했는데 마케팅팀은 또 다른 무엇이 있다고 느꼈다.

몇 달이 지난 어느 날 회사에서 투자자에게 배포한 기업 IR 자료의 오류로 투자자들이 회사에 몰려와 항의하는 일이 발생했다. 그것은 단순한 오기가 아니었고 큰 줄기의 전략적인 변화를 제대로 설명하지 않은 명백한 오류여서 중대한 문제가 될 수 있었다.

하지만 A는 경영진에게 이 상황을 정확하게 전달할 수 없었다. 처음부터 내용을 잘 이해하지 못했기 때문이다. 담당 팀원과 함께 경영진 회의에 참석해 일일이 해명을 하고 투자자들과도 대화를 통해 이해를 시켜 돌려보냈지만 A는 이 과정에서 뚜렷한 역할을 하지 못했다. 팀에 돌아오자 팀 분위기가 싸늘하게 바뀌어 있었다.

"팀장이 뒷전에서 아무 역할도 하지 못하고 팀원들에게만 일을 시키고, 잘못된 일이 생기면 팀장이 해결해 줘야지. 자기는 아무것도 하지 않고 도대체 팀장이 무슨 일을 하는 거야?"

팀장이 옆에 온 줄도 모르고 팀원 하나가 전화로 속닥거리는 소리를 들었다.

"그렇다면 여기서 나는 어떻게 해야 합니까? 내 역할은 무엇입니까?"가 A가 질문한 요지였다.

해답은 간단하다. 우선 팀장이 되었다면 잘 모르는 팀의 업무라도 이유 없이 빨리 현황을 이해하고 완전히 자기 것으로 만들어야 한다. "나는 마케팅 업무는 하고 싶지 않으니 대충하다가 다시 영업팀으로 돌아가겠습니다."라는 생각을 해서는 안 된다. 이제는 마케팅팀장일 뿐이다. 정말 마케팅팀장 일을 하기 싫다면 그것은 다른 문제이다. 회사를 떠나 다른 회사 영업팀장이 될 자신이 없거나, 또는 경력보다 회사를 우선 생각해 왔다면 현재 주어진 일을 제대로 하는 방법밖에 없다.

A는 자신이 담당자만큼은 아니라도 업무의 핵심을 빨리 찾아서 각각 업무를 어떤 형태로 추진할 것인지 생각해 놓았어야 했다. 물론 담당자가 업무를 가장 많이 알고 있으므로 처음에는 그의 의견을 존중하는 것이 좋다. 하지만 A는 그저 업무에 뛰어난 팀원들이 각자 하고 싶은 대로 하도록 방임하는 태도를 지속했다. 처음에는 그런 것도 전략으로서 어쩔 수 없겠지만 시간이 지나면서 빠른 시일 내에 마케팅팀의 업무를 파악했어야 했다.

삼성물산의 현명관 전 회장은 한때 "설득력 있는 리더십을 갖추기 위해 가장 필요한 것은 전문성이다. 매일 두세 시간 먼저 출근하여 부하보다 내가 현장 상황을 더 많이 알고 있을 때 조직 장악력이 생긴다. 주위로부터 '대리'라는 별칭을 얻더라도 CEO가 세세한 부분까지 알고 있어야 한다고 생각한다. 이런 사소한 부분에서부터 전문성이 생기기 때문이다."라고 하였다. 결국 리더는 업무에 해박해야 하고 거기에서 진정한 리더십이 생긴다.

"나는 팀원들이 알아서 하도록 한다."고 말하는 팀장이 있다면 그는 이미 그 업무에 능통한 팀장이라 그렇다고 생각한다. 자신이 업무를 잘 모른다면 우선 신속하게 파악하는 수밖에 없다. 자세한 내용부터 시작하여 업무의 본질과, 위험요소 등을 며칠을 걸려서라도 빨리 꿰뚫어 놓아야 한다. 또한 기본적인 숫자와 역사적인 사실도 암기해 두어야 한다.

이렇게 어느 정도 알고 나면 의문 사항을 나열해 놓고 질문에 대한 답을 찾아보는 것도 좋은 방법이다. 회사나 부서 외부의 전문가들을 많이 만나 의견을 들어 보는 것도 좋다. 하지만 그들의 생각은 당분간 현황을 파악하는 정도에만 한정하라. 생각을 숙성하는 시간이 필요하다. 조금 알았다고 이러쿵저러쿵 떠드는 리더의 모습은 바로 동티의 표본이 될 수 있다. 조직으로서는 모든 것이 비용으로 처리될 소모적인 일이 된다.

한때 모시던 대표이사는 일의 핵심을 잘 집어낸다. 다른 임원들은 70%도 이해 못 할 내용을 간단한 설명만 듣고도 그는 110%를 이해하고 다음 단계의 질문을 해 온다. 야근을 하면서 밤새 준비한 것을 그는 즉시 이해하고 응용할 아이디어를 구상한다. 일을 시킬 때에도 그는 다르다. 일을 지시하고 바로 묻는다.

"좋아. 그 일의 핵심이 무엇인지 말해 보게."

"예?" (속으로) '저는 시키는 대로 할 생각으로……'

그는 부하 직원의 생각에 항상 자극을 주었다. 그러기 위해서 그는 더 많이 파악하고 생각하며 그런 일들을 매우 사랑했음이 틀림없다.

여러분이 팀장이든 본부장이든 경영진이든 자신이 맡은 업무는 반드시 훤하게 꿰차고 있어야 한다. 사람들만 잘 다루면 훌륭한 리더가 될 듯싶지만 그는 본업을 이해하지 못하는 절름발이 리더가 된다. 리더라면 사람도 잘 다루고 업무에도 해박해야 한다. 그래야 방향을 제시하고 그들을 이끌 수 있다. 사람들을 이끌 수는 있지만 방향을 모른다면 그를 무슨 리더라고 할 수 있을까? '상사가 귀신 같아야 부하가 움직인다.'는 책의 제목도 있듯이 결정적인 순간에 그들은 나를 쳐다보게 되어 있다.

STEP 2

자신감을 불어넣어라

어떤 조직에서든 공통적으로 태도가 좋은 사람에게 기회가 주어진다.
인간의 일이란 '된다. 가능하다.'는 생각으로 달려드는 사람이 성취할 가능성이 높기 때문에
그런 태도를 보이는 사람에게 기회가 더 주어지기 마련이다.

사람들은 일에 자신감이 있을 때 가장 쉽게 행동한다.
조직에 자신감을 불어넣고 일을 시작하는 리더와 그렇지 못한 리더는
전혀 다른 리더십을 보여 줄 것이다.

당당하고
담담하라

"Mission Impossible!" 한 중견업체 사장실 문에 붙어있는 스티커였다. 내용이 재미있다고 하자 그는 "제가 하는 일이 늘 이런 거지요."하면서 웃었다.

하지만 두고두고 생각나는 것은 '그렇지 않아도 썩 잘 되는 것 같지 않은 사업을 그는 불가능한 임무라고 생각하는 게 아닌지 모르겠다.'는 것이었다. 나중에 사장실을 드나드는 임원들에게 물어보았다.

"사장실 문에 '미션 임파써블'이라고 쓴 스티커 봤어요? 재미있지 않아요?"

그러자 그 직원들은 겸연쩍어 얼굴을 붉히면서

"저희가 잘 모셔야 하는데…… 요즘 많이 힘들어하세요."

직원들은 사장이 현재 하는 일을 어려워하고 있다고 나름대로 달리 해석한 모양이다. 이것은 오해였지만 리더란 모름지기 조금만 힘들어하는 모습을 보여도 그것을 바라보는 직원들은 몇 배 더 힘들어한다는 점을 알아야 한다. 힘이 빠진 상태에서 일을 하면 일은 더 어려워진다. 문제는 부정적인 상황은 이토록 모두에게 전염된다. 부정적이거나 힘들어하는 모습을 우연히 라도 외부로 드러내 보이는 것은 리더에게 치명적이다. 자신이 가끔 부하들에게서 위로받고 싶어 하는 리더 역시 조직력의 약화를 가져올 수 있다. '곧 죽어도' 부하들 앞에서는 늘 당당하고 담담한 모습을 보여야 한다. 다만 거만하게 보이지 말아야 한다.

처음으로 조직의 리더가 되었을 때 태도나 자세가 좋지 않은 사람은 거의 없다. 모두 자신만만하고 긍정적인 에너지가 넘친다. 하지만 시간이 지나면서 모든 일이 기대만큼 순조롭게 진행되지 않는다. 의외의 악재가 닥치고 사고가 일어나 자신의 입지가 약화될 때 그 상황이 리더의 얼굴에 그대로 나타나기 마련이다.

"요즘 우리 본부장님 얼굴이 너무 안됐어. 뭔가 안 좋은 상황인가 봐."라는 인상을 부지불식간에 보여주기 쉽다. 찌푸리거나 피곤해 보이는 표정을 하고 고개를 숙이며 다니는 모습은 절대 피해야 한다. 역할을 올바로 수행하는 리더라면 표정관리를 해야 한다.

고객 만족 강사가 가르치는 대로 책상 앞에 작은 거울을 두고 매일 표정 연습을 하라. 웃으라는 말은 아니다. 어떤 어려운 일이 닥

쳐도, 내일 떠나는 한이 있어도 오늘은 당당하고 담담한 모습을 먼저 그들에게 보이라는 말이다. 뼛속까지 담담하지는 않더라도 그런 것처럼 표정을 연출하라. 자세와 태도가 좋으면 그것 역시 부하들에게 전염된다. 팀장 한 사람을 보고 매일 출근하는 그들이 있지 않은가.

언젠가 미국 유나이티드 에어라인의 회장이 갑자기 경질된 적이 있었다. 이유는 그가 전 직원에게 보낸 이메일에서 '상황이 내년에도 나아지지 않으면 회사가 망할 수도 있다.'는 경고성 멘트 때문이었다. 물론 직원들에게 경각심을 불어넣기 위해 그런 표현을 썼지만, 받아들이는 주주들로서는 회장이 회사경영에 자신 없어 한다고 느꼈기 때문이었다. '위기감 조성' 전략을 잘못 쓴 탓이었다.

사장이 직원들 앞에서 "우리 회사가 앞으로 어떻게 될지 모르겠다."고 걱정한다면 그들은 어떻게 반응할까? 아마도 틀림없이 일할 생각은 하지 않고 다른 직장을 찾아 돌아다니게 될 것은 뻔하다. 회사 역시 정말 어떻게 될지 모를 일이다.

리더라면 항상 회사의 미래나 일 자체에 자신감을 갖고 당당해야 한다. 비록 리더가 실적이 저조하여 그의 상사에게 심하게 혼난 일이 회사 내에 알려졌더라도 태연하게 행동하고 용감하게 일하는 모습을 보여야 한다. 남들이 숙덕거려도 떳떳하게 내 갈 길을 가야 한다. 그러면 부하들은 생각할 것이다. "이 사람은 좀 특이해. 확고한 소신이 있나 봐. 무엇인가 있는 사람이야."하며 안정을 찾거나, 미안해서라도 일에 몰두할 것이다.

911 테러 직후 부시 전 대통령의 표정이 많이 어두워 보인다고, 한 미국의 언론이 지적한 적이 있었다. 신문에 따르면 대중 앞에서 그의 말수가 적어졌고 심각한 표정을 짓는 경우가 더 많아졌다는 것이다. 엄청난 테러를 겪은 이후 추가 테러나 중동 전쟁 등의 스트레스를 받을 수밖에 없는 당시 그의 상황을 엿볼 수 있는 대목이다.

부시 대통령은 기자 회견에서 국가 경제를 위해 국민들이 쇼핑도 많이 하고 여행도 가라고 하였다. 하지만 근심에 찬 그의 표정을 보고 마음 편히 쉽게 돈을 쓸 사람은 없었을 것이다. 국민들도 덩달아 걱정이 많아졌으니 말이다.

문제는 상황이 그런데도 그렇지 않은 척하기가 쉽지 않다는 것이다. 그래도 리더는 당당하고 담담한 모습을 보여주는 것이 중요하다. 그렇게 하기 위해서 우리는 매사에서 그런 태도를 선택하면 된다.

상황을 내 자신에게 유리하게 해석한다

수많은 인생의 멘토들이 한목소리로 하는 말이 바로 '태도는 내가 선택할 수 있다.'는 것이다. 살아가면서 내가 선택할 수 있는 것은 의외로 많지 않다. 부자 아빠를 택해서 태어날 수도 없고 건강하고 똑똑한 자녀 역시 선택할 수 없다. 조국과 내 신체, 두뇌 등도 이미 주어진다. 내가 어떻게 할 수 없다.

하지만 노력하느냐 마느냐 하는 것은 우리가 선택할 수 있다. 그런데 실력 있는 사람이 노력하는 것과 실력이 턱도 없는 사람이 노력하는 것 역시 차이가 난다. 이때 우리가 할 수 있는 마지막 선택은 바로 우리의 태도이다. 어떠한 상황에서도 내 태도는 내가 선택할 수 있다는 점이다.

사람들은 어느 정도 자신감을 가지고 산다. 지나친 자신감이 종종 문제를 일으키기도 하지만 대부분의 경우 자신감은 많을수록 좋고 그것은 태도로 나타난다. 특히 실제로 일을 할 때 좋은 태도는 확실히 효과가 있다. 일대일로 싸우는 권투경기를 보면 링 위에 올라서면서 자신감을 나타내는 선수에 비해 그렇지 못한 선수는 이미 10점을 잃고 시작한다. 운동선수가 미리 주눅이 들어 있다면 자신의 실력을 발휘할 수 없다. 축구경기를 시작하고 몇 분 동안 몸이 풀리지 않아서인지 손발도 전혀 맞지 않고 평소 실력에도 미치지 못하는 경기를 펼치다 초반에 실점하는 이유도 상대팀에게 주눅이

들었기 때문이다. 상대가 초반부터 심한 몸싸움을 걸어오거나 위세를 떨치면 순간 위축될 수도 있다. 그래서인지 격투기 선수들은 처음 상대의 눈을 보았을 때 절대로 피하지 않는다. 자신감으로 상대를 제압하기 위해서이다. 홈그라운드 역시 그런 이점이 작용한다.

이런 태도는 상대에게도 영향을 미치지만 자기 자신에게도 영향을 준다. 그런 현상 때문에 스포츠 코치들은 선수들에게 가슴을 펴고 자신 있는 표정으로 걸으라고 주문한다. 고개를 숙이고 뭔가 고민하는 모습, 어깨를 축 늘어뜨린 모습은 확실히 승자의 모습은 아니다.

현실이 힘들다며 드러내놓고 어깨를 축 늘어뜨리고 생활하는 리더를 거의 본 적이 없다. 대부분의 리더는 아드레날린이 풍부한 모습과 태도를 가지고 살기 때문이다. 하지만 그들은 업무가 많은 만큼 일반 팀원들보다 훨씬 힘든 일도 많다. 그때 무의식중에 리더가 힘들어하는 모습이 밖으로 나타나게 마련이다. 이를 본 구성원들은 불안해하고 그러면 팀 전체 전력에 손실을 줄 수 있다. 그러니 태도만이라도 우선 당당하고 담담하라!

승진을 해서 높은 자리에 오르면 어떤 점이 좋아질까? 연봉이 늘고 많은 사람들을 거느리고 명예도 있다. 더 큰 것은 더 많은 일을 할 기회가 주어진다는 것이다.

여러 회사에서 임원 생활을 한 경험으로는 어떤 조직에서든 공통적으로 태도가 좋은 사람에게 기회가 주어진다. 인간의 일이란 '된다. 가능하다.'는 생각으로 달려드는 사람이 성취할 가능성이 높기 때문에 그런 태도를 보이는 사람에게 기회가 더 주어지기 마련이다. 대부분 기회란 곧 승진을 의미한다. 조직에서 뒤처지는 사람들은 어쩔 수 없이 기회가 자꾸 줄어들게 마련인데 대부분 그다지 좋은 태도를 보이지 않아서라고 생각한다.

기업에서 강의를 하다 보면 교육생 가운데 눈에 띄는 인재가 있는지 의견을 달라는 요청을 받는 때가 가끔 있다. 그토록 짧은 시간에 어떻게 사람을 잘 알 수 있을지 의문이고, 비록 그렇게 판단되는 교육생이 있다 해도 내 의견으로 영향을 주는 것은 부담스런 일이라 답변을 피하고 빠져나오곤 한다. 그래도 꼭 답을 요구한다면 어쩔 수 없다. 의견을 준 적은 없지만 결국 말해 줄 수 있는 것은 강의를 듣는 태도와 자세 외에 더 있겠는가.

신입 사원을 채용할 때에도 인사 담당자는 면접 전이나 후에 면접장 밖에서 지원자의 자세나 됨됨이를 지켜본다고 한다. 그래야 면접장 내에서 꾸며진 태도가 아닌 진솔한 모습을 볼 수 있기 때문이다. 태도가 모든 것이다.

작은 목표부터
달성하라

　　　　　　처음 맡은 팀이나 부서, 본부의 경우라면 리더 자신의 뜻으로 새로운 일을 하게 마련이다. 하지만 구성원들은 리더가 바뀜으로써 일어나는 혼란에 대해 대부분 번거로워 한다. 이 사람이 와서 이렇게 뒤집고 저 사람이 와서 저렇게 뒤집는 것을 보아왔기 때문이다. "또 시작이야?"하는 식이다. 리더는 아드레날린이 마구 분비되어 새로운 일들을 추진하지만 구성원들은 그저 피곤할 따름이다.

　리더 역시 혼자 북 치고 장구 치다 나중에 지쳐 쓰러지는 경우도 생긴다. 이런 상황을 막기 위해 해야 할 일은 무엇일까? 그것은 바로 실현 가능한 목표를 정하고 거기에 집중해서 성공하는 것이다.

　"그럼 누가 성공하고 싶지 않아서 안 합니까?" 할지 모른다. 여기서 성공이란 작고 만만해서 해낼 만한 일을 말하는 것이다. 그렇게 하면 조직은 성공 경험을 통해 자신감을 갖게 되어 더 큰 일을 해낼 수 있다는 것이 핵심이다.

처음부터 완벽한 계획을 짜고 만리장성을 쌓으려 하면 힘만 든다. 일이 잘될지 확신도 없고 스트레스를 받아 짜증만 날 수 있다. 그러므로 쉽게 풀어가는 방법을 택한다.

존 랭캐스터 스폴딩이라는 미국의 학자는 먼저 목표가 현실적으로 실현 가능한 표적인지 그리고 그것이 구성원들의 도전의식을 불러일으키는 표적인지를 점검한 뒤에 시작하라고 하였다. 그런 목표를 설정해서 우선 작은 성공부터 만들어라.

월드컵 본선 경기를 앞두고 대표팀이 본선경기에 참가하지 못해 전혀 힘을 발휘하지 못하는 국가의 대표팀과 싸워 승리의 자신감을 갖도록 하는 것도 이런 이치이다. 따라서 꼭 업무와 관련된 것이 아니라도 좋다. 어떤 것이든 단합된 힘과 자신감을 얻을 수 있는 목표를 세워 그것에 매진하라. 부서별 체육대회에서 우승을 하든지 소규모 판매 캠페인에 전력을 기울이든지 함으로써 성공을 경험하라. 그러면 가능하다.

미국의 패튼 장군은 "야전군 사령관은 자기 능력의 80%를 병사들의 사기진작을 위해 써야 한다."고 말했으니 자신감을 심어 주는 일이야말로 리더가 해야 할 중요한 역할이다.

최고의 해

여러분은 학창시절 최고의 해가 있었을 것이다. 아마 좋았던 기억이 많았던 해를 최고의 해로 꼽을 것이다. 필자의 학창시절 최고의 해는 중3 때였다. 중1 때는 괜찮은 성적으로 공부를 조금 하는 편이었지만, 2학년 때는 다양한 취미생활을 즐겼다. 중3이 되면서 우열반으로 나뉠 때 열반에 배정되고 말았다. 이를테면 '돌반'이었다. 돌반에 배정되자 부모님께 호된 꾸중을 들었고 나 역시 주눅이 들었다.

그때 처음 고입 시험제도가 폐지된 시기였다. 중3이 되어도 아무 부담 없이 늘 방학 같은 기분으로 지내던 일 년이었다. 우리 학교는 서울에서 면학 분위기가 가장 좋지 않은 학교 가운데 하나였다. 학교 앞은 서울에서 가장 유명한 환락가였고 대표적인 빈민촌이기도 했다. 껄렁한 아이들 가운데 일부는 벌써 폭력 조직에 가담하기도 하였으니 교실 분위기는 알만했다.

처음 만난 담임선생님은 핼쑥하고 창백한 얼굴과 가는 목소리를 가진 삼십 대 초반의 남자 선생님이었다. 자신이 ROTC 장교 출신이라고 소개한 선생님은 곧바로 주의가 산만한 아이 몇 명을 시범으로 체벌하였다. 그것은 이른바 군대식으로 몽둥이로 때리는 벌이었다. '엎드려뻗쳐'를 시킨 후 큰 걸레 자루로 열 대씩 때렸다. 중3 남자아이들이 덩치는 컸지만 그런 강력한 체벌은 그때가 처음이었다. 선생님은 자신이 절대 감정을 담은 손찌검이나 다른 체벌은 하지 않는다고 했다.

그리고 과거 자신이 다른 반 담임이었을 때 이룬 일들을 이야기해 주었다. 또한 자신이 얼마나 이 일을 사랑하는지 등을 이야기하면서 한 가지 목표를 이루자고 요구했다. 그것은 이번 달, 즉 3월 한 달 동안 '전원 무결석'을 하자는 것이었다.

하지만 나를 비롯한 많은 학생들은 '그게 뭐 대수냐?' 싶었다. 실천하기가 쉽지는 않겠지만 그렇게 한다고 해서 무슨 의미가 있겠냐는 의문이 들었다. 선생님의 훈시는 계속되었다. 아무튼 우리는 한 달 동안 전원 개근을 해야 하며, 만일 몸이 심하게 아프더라도 구급차를 타고 학교에 잠시라도 왔다가 조퇴를 하라는 것이었다. 즉 지각과 조퇴는 허용한다는 뜻이었다.

첫 일 주일은 전원 무결석으로 무사히 지나갔다. 다음 주도 전원 무결석. 셋째 주 들어서 한 명이 아침에 나오지 않았다. 담임 선생님과 부반장이었던 필자는 그 아이의 주소를 들고 집을 찾아 나섰다. 그 친구의 집은 당시 논과 밭뿐이던 창동의 산기슭 비닐하우스였다. 문을 두드리니 자다 일어난 듯 그 아이의 아버지가 나왔다.

"우리 아이가 차비 달라고 해서 옆집 가서 돈을 꾸어와 보니 벌써 집을 나섰더라고요. 아마 학교까지 걸어가고 있을 거예요."

담임과 나는 아무 말 없이 바로 학교로 돌아왔다. 그 친구는 이미 교실에 와 있었다. 그날 담임이 종례를 끝내고 지각한 아이에게 왔다. 그러더니 손에서 뭔가를 내밀었다. 그것은 버스 회수권이었다.

"너, 앞으로 차비 없어서 늦었다고 하면 죽을 줄 알아. 없으면 또 이야기해."

첫 달에 우리는 모두 무결석을 이루어냈다. 다음 달에도 역시 담임은 무결석이 목표라고 이야기하였다. 그런데 두 달째부터 교실 분위기가 서서히 바뀌는 것을 느꼈다. 아이들이 스스로 남아서 자습도 하고 청소도 열심히 했다. 서로서로 공부를 잘하는 아이가 부진한 아이들을 가르치기도 하고 비어 있는 다른 교실로 가서 조별로 학습도 하는 식으로 밤 아홉 시까지 모두 함께 공부하기도 하였다. 결국 전원이 교실에 남아서 자율적으로 공부를 하였다. 고입 시험도 없어졌으므로 따로 과외를 하는 아이도 없었다.

아이들이 늦게까지 학교에서 공부를 하면서 모든 게 선순환하기 시작했다. 늦게 집에 가서 저녁밥을 먹으니 바로 잠을 자게 되고 다음날 일찍 일어나 학교에 나온다. 그러다 보니 저녁때 나쁜 친구들끼리 어울려 다닐 시간도 거의 없어진 모양이었다. 아무도 학교 밖에서 패싸움이나, 술 마시고 담배 피우거나, 몰래 극장 가서 적발되는 등의 문제에 연루되지 않았다. 그리고 5월에도 전원 무결석을 하였다. 이미 담임은 "우리 목표는 일 년 무결석!"이라고 천명하였다.

이제 학급 분위기는 점점 고조되기 시작했다. 반 아이들은 우리가 이룬 성과 때문인지 다른 반 아이들과 달리 특별하다는 느낌을 갖기 시작했다. 바로 자신감이었다. 반 대항 체육대회를 해도 열두 반 가운데 1등, 소규모 청소 캠페인을 해도 1등, 혼식을 해도 1등, 머리 검사조차 한 명도 걸리지 않았다. 머리가 긴 아이는 저녁 자습 시간에 선생님이 팀을 짜서 학교 아래 이발소로 보냈다.

이미 분위기는 하늘을 찔렀다. 돌반에서 1등 하면 전교 140등이었지만 당시 나는 50등 안에 들었다. 반에서 5등 하는 아이도 140등 안에 들었다. 모두 사기가 충만했다.

이쯤 되니 교감선생님과 교장선생님이 우리 반을 칭찬하느라 입이 마를 날이 없었다. 매일 오셔서 고개를 끄덕였고 다른 반 선생님들도 우리 반에 와서 비결이 무엇인지 묻기도 하고 너무 잘난 체하지 말라며 시샘도 했다. 우리 반처럼 무결석 캠페인을 벌이기도 했다. 마침내 우리는 일 년 동안 70명 전원이 개근하는 위업을 달성했다.

담임은 또 다른 목표를 가졌다. 그것은 전원 인문계 진학이었다. 물론 공부를 잘하면서도 집안이 어려워 장학금을 받고 일류 상고로 간 아이들을 제외하면 공부를 못해서 실업계를 가야 했던 아이들 전원을 당시 연합고사를 통과시켜 인문계로 진학시켰다. 우리는 못할 일이 없었다. 졸업식에서 담임이 한 이야기를 40년이 넘은 지금도 기억한다.

"앞으로 우리는 지금의 70명이 절대로 한 공간에서 다시 만나진 못할 것이다. 하지만 지난 일 년 동안 우리가 이룬 것을 생각하며 평생을 산다면 여러분 인생에서 하지 못할 일은 아무것도 없다. 우리 반 급훈인 '하면 된다.'를 꼭 기억하고 살기 바란다."

그 대단한 기록의 시작은 '3월 한 달 전원 무결석'이라는 작은 목표였다.

시간이 지나 담임선생님의 전략을 나도 많이 응용하였다. 그다지 중요하지 않지만 최근 실시한 회사 차원의 캠페인에서 1위 달성하기, 제안 활동 가장 많이 하기, 금융 회사에서 쉬우면서도 가장 어려운 적립식 계좌 캠페인 1등 하기 같은 별거 아닌 것 같지만 막상 해내기는 쉽지 않은 것, 그러면서 활동량을 늘려 주는 목표를 설정했다.

물론 목표에 대해 직원들의 공감과 동의가 있어야 하고, 무엇보다 리더의 확고한 지원이 있어야 한다. 회의를 하면서 목표에 대한 각자의 각오를 다른 직원들 앞에서 발표도 시켰고 회식 때에도 마찬가지로 각자 목표에 관한 건배 구호를 하도록 했다. 스스로 다짐을 하고 자기 입으로 말한 것은 지킬 가능성이 더 크기 때문이다.

처음부터 거대한 목표를 정하고 그것을 하려면 조직은 잘 따라오지 않는다. 다만 조직이 스스로 움직이도록 자신감을 주어야 한다.

스스로 자신감을 찾기 위해 작은 성공을 먼저 이루게 하라는 것이다. 평소에는 하려고 생각지도 않던 것이지만 조금만 집중하면 성취 가능한 대상이 될 것이다.

이 비결을 많은 리더들에게 이야기해 주었지만 대부분 잘못 활용하고 있었다. 그들은 목표를 세우다가 점점 무리한 목표를 세워 실현 가능성이 낮아지더라는 것이다.

"이왕 할 바에는 제대로 해야지."라고 하며 거대한 목표, 장대한 일정을 목표로 세운다. 하지만 이루지 못하고 자신감을 찾을 기회도 잃은 채 표류하는 경우가 많다. 무조건 해보지 않은 단기 목표를 세워 그것에 집중적으로 지원하라. 일 개월 정도의 짧은 기간이 좋다고 생각한다. 중간에 위로부터 내려온 새로운 목표가 생겨 더 복잡해지기 전에 신속하게 그것 위주로 성공을 이끌어 내라. 만일 성공하지 못하더라도 구성원이 일체가 되어 활동해 본 경험은 도움이 된다. 그렇게 자신감을 세우고 리더가 다음 단계로 생각해 둔 목표를 발표하라.

하버드대학의 변화관리 대가인 존 코터 교수가 말한 기업을 변화시키는 단계 가운데 하나가 바로 이 '단기간에 눈에 보이는 성과를 낸다.'이다. 작은 성공을 경험한 조직은 자신감을 얻어 더 큰 변화를 할 수 있다는 뜻이다. 그것은 절대 말로 설득할 수 없으며 오직 한 번의 실행으로 얻고 느낄 수 있는 최고의 동기부여 수단이다.

우리는
나아지고 있다

　　　　　　구성원에게 가장 큰 동기부여는 지금 노력하는 것이 효과가 있을 때이다. 반대로 가장 의욕이 꺾이는 일은 아무리 해도 안 될 때이다. 이때 그들은 지금의 리더가 우리를 잘못 이끌고 있지 않은지 의심하기도 한다.

　다시 말하면 우리가 지금 하고 있는 일이 다 잘 되고 있다고 느낀다면 아무 생각이 필요 없다. 저절로 힘이 날 수밖에 없다. 하지만 아무리 노력을 해도 나아지는 모습이 없다면 낙담하여 일이 더 힘들게 느껴지고 좌절할 것이다.

　입사한 지 얼마 지나지 않은 젊은 직원들이 이직을 하는 이유 가운데 하나도 이런 것이 원인이라고 한다. 자신이 몸담은 팀 업무에서 자신의 실력이나 역할이 눈에 띄게 성장하는 모습을 볼 수 없을 때 그들은 이직을 생각한다는 것이다. 그때 그들은 "회사에서 비전을 찾을 수 없다."는 표현을 쓴다. 실제 그렇게 단기적으로 생각할 필요는 없지만 사람들이 우선 그렇게 생각하는 것을 하나의 현상으로 받아들여야 한다. 우리는 그것을 이용하면 된다.

사람들 가운데는 아주 이상적인 목표를 세우고 그것에 도달하지 못하면 전혀 인정하지 않는 사례가 많다. 까다롭게 요구하고 수준이 매우 높기 때문이다. 그런 것을 한 사람, 한 명의 전문가, 선수 한 명에게 요구하는 것은 나쁘지 않다. 하지만 큰 조직에서 전체 힘을 모으기 위해서라면 그런 이상적인 목표보다는 조금이라도 나아지는 모습을 찾아 홍보하는 작업이 필요하다. 그런 과정을 통해서 조직이 자신감을 찾도록 해야 한다.

때로는 나아지는 모습을 찾기 어려울 수도 있다. 하지만 판단 기준은 다양하므로 가능한 잣대를 총동원하면 나아지는 모습을 어떻게든 찾아낼 수 있다. 아무리 상황이 나빠져도 한 가지쯤 나아지는 점이 있게 마련이다.

"우리 팀의 전반적인 실적이 줄었습니다."

"그러네요. 그럼 팀의 순위는 어떤가요?"

"조금 상승했습니다. 업계 전체가 좋지 않았거든요."

"우리가 경쟁 팀에 비해 나아지고 있지 않습니까? 여러분이 노력한 효과가 나오고 있습니다. 단지 지금 업계상황이 좋지 않을 뿐입니다."

이렇게 조금이라도 나아지는 모습을 찾아 자신감을 찾아주라고 하자, 어떤 기업의 CEO는 자신은 한 번도 직원들에게 칭찬을 해 본 적이 없다고 했다. 그러면서 하는 말이 "전 과목 F에 단 한 과목 D의 성적을 받은 대학생 아들을 보고 아버지가 "넌 너무 한 과목만 치중하는 거 아니냐?"라고 말할 수는 없다면서 따져 물었다. 사실 맞는 말이지만 현재 상황에서 가장 먼저 해야 할 일이 자신감을 회복하는 것 말고 또 무엇이 있겠는가. 직원들을 혼내서 기를 꺾어 놓으면, 될 일도 안 된다.

조직의 성과뿐 아니라 구성원 개인들도 자신의 능력이 나아지고 있을 때 동기부여 된다. 자신이 하는 업무를 심화시켜 나아지는 것도 좋고, 관련있는 업무에 접할 기회를 주어 새로운 업무를 터득해 나가는 재미를 느끼게 한다면 능력이 배가된다는 것을 쉽게 경험할 것이다.

한 가지 업무만 오래 한 직원에게 새로운 임무를 부여해서 해 낸 것에 대한 자신감을 키워주어라. 전문성을 추구하는 사람도 많지만 다양한 능력을 계발하지 못해 초조한 직원도 많기 때문이다.

일찍이 괴테가 말하길 "사람이 자신에게 요구되는 모든 일을 이루기 위해서는 자신이 실제보다 더 대단하다고 믿어야만 한다."고 하였으니 자신감이야말로 조직이 가져야 할 최고의 무기이다. 이것을 리더가 만들어 주어야 한다.

부정 표현을
금지하라

어떤 회사에서 스카우트 제의를 받고 이직을 한 부장의 이야기이다.

"처음 그 회사 영업부에 가니 문제가 많았어요. 전에 맡고 있던 부장이 혼자서 큰 고객을 다 관리했고 직원들 관리는 "나 몰라라." 했더군요. 그러다가 회사를 떠나면서 큰 고객은 다 끌고 가버렸어요. 회사에는 남은 고객도 없고 제대로 된 직원 하나 없었지요. 직원들 의식도 문제가 많았어요. 자신들이 우선 부장의 희생양이라는 생각이 많았고, 지역 여건상 잠재 고객이 많지 않은데 어떻게 이런 지역에서 영업이 되겠느냐는 것이었어요. 긍정적인 이야기는 단 한마디도 하지 않더군요. 물론 그런 건 사실이지만 지하철

역세권이고 뒷골목에 주차 공간도 있거든요. 서울에서 주차 공간이 있고 지하철역이 있으면 장소를 탓할 수는 없지요."

이상하게도 우리가 처음 맡는 임무의 8, 90퍼센트는 이런 식으로 어렵다. 물 좋고 정자 좋은 자리는 다 남이 차지하고 있다. 만약 내가 그런 자리를 원한다면 나 스스로 그렇게 만들어야 한다. 아무튼 그렇다 해도 이런 어려움을 돌파하는 것이 성공하는 리더의 역할이다.

그가 처음 직원들과 면담한 후 전체 회식 자리를 통해서 다짐받은 것은 딱 한 가지였다고 한다. 그것은 업무와 관련해서 '앞으로 삼 개월 동안 부정적인 표현 쓰지 않기'이었다. 직원들이 그것을 이해하지 못할 것 같아서 회식 장소에서부터 연습을 시키고 시작을 했다고 한다. 우선 방법은 이렇다.

첫째, 어떤 새로운 일이 생기거나 지시가 떨어지면 그것에 대한 장단점이 나오게 마련이다. 이때 무조건 장점을 먼저 부각시킨다는 것. 부정적인 사람은 단점을 먼저 이야기하고 긍정적인 사람은 장점을 먼저 이야기하기 때문이다.

"고객들이 우리 회사를 자꾸 떠나고 있어요. 여러 가지 문제가 있는 거 같아요."

"그 문제를 파악하면 우리가 한 단계 더 나아지는 계기로 만들 수 있을 거예요. 고객들을 찾아가 물어보시죠."

"본사가 마케팅지원을 엉뚱한 곳에 했기 때문에 영업에 도움이 되기는커녕 더 힘만 듭니다."

"마케팅지원에 대한 좋은 아이디어를 주면 그들도 바꿀 겁니다. 본사 마케팅지원본부도 과거보다 '해 보겠다'는 자세가 많이 생겼거든요."

이렇게 상황이 바뀌면 긍정적인 면을 먼저 찾아보는 자세가 생긴다.

둘째, 흔히 사용하는 '어렵다. 힘들다. 혹은 안 된다.'는 표현은 금지시켰다. 대신 해결방법을 이야기하도록 했다. 앉은 자리에서 그들은 대화를 시작했다.

"최근 우리 회사에서 출시된 상품의 고객 반응이 너무 안 좋아요."가 아니라,

"고객의 피드백을 받아 상품 내용을 보완하면 될 거 같아요."로 바꾸어 말하고,

"영업비용이 모자라서 활동할 때 항상 제약이 있어요. 경쟁사 대비 아주 불리합니다."라고 하는 대신,

"돈만으로 고객에게 다가간다 생각하지 말고 정으로 다가가는 좋은 기회 같아요."라고 말하도록 했다.

그렇게 "힘들다."고 하려다가 그 힘든 것을 해결하는 방안을 이

야기하고, "안 된다."고 말하려다 "왜 안 돼?"라고 되돌려서 오기를 보인다는 것이다.

이런 제안에 직원들은 '이 사람이 이제는 대놓고 부하 직원들 입을 막으려 하는구나.'하는 표정을 지어 보였다. 하지만 이내 간단히 부정 표현 금지 대화를 시범 삼아 해보며 마음이 풀렸다고 한다. 어색하고 웃음이 나왔기 때문이었다. 직원들에게 물어보아도 의외로 재미있다는 반응이었다.

그런 화법으로 회의를 하면서 가장 바뀐 것은 대화할 때 먼저 생각을 한다는 점이었다. 그렇게 긍정 부분을 부각시키면서 가장 많이 변한 것은 지점의 분위기였다. 어떤 일도 안될 게 없다는 자신감이 생겼다.

너무 자주 바뀌어 짜증 나는 본사의 정책변화, 변덕스러운 고객의 니즈 변화, 냉혹한 주식과 펀드시장의 등락이 다른 지점의 직원들에게는 어려움이었지만 그들에게는 기회였다.

그들은 이런 대화를 삼 개월이 아닌 일 년 이상 하고 있고 당시 누가 뭐라고 하지 않아도 작은 조직의 문화로 자리 잡았다고 했다. 실적도 나아졌지만, 더 나아진 것은 모두 직장생활에서 활력을 찾았다는 것이다.

다시 말하지만 긍정이 전염되듯 부정도 전염된다. 작은 조직에서 단 한 명이라도 부정적인 사람이 있다면 리더는 조직을 끌고 가기 버겁다. 어느 조직이든 반드시 그런 사람은 있기 마련이다. 긍정 표현을 쓰면 그런 전염병이 돌지 않는 건강한 조직이 될 수 있다. 자기 스스로 바뀌는 경험을 할 수 있다.

네덜란드의 철학자 스피노자는 "자신은 할 수 없다고 생각하고 있는 동안은 사실 그것을 하기 싫다고 다짐하는 것이다. 그러므로 그것은 실행되지 않는다."라고까지 하였다. 행동은 하지 않고 말로만 안 되는 이유를 대는 것은 실행해야 하는 조직에서 큰 병이 된다.

사람들은 아놀드 파머를 우산 상표쯤으로 알고 있지만 아놀드 파머는 한때 타이거 우즈 정도의 인기를 누리던 미국의 골프선수였다.

아놀드 파머와 맞수 관계였던 잭 니클라우스가 아놀드 파머의 집에 방문한 적이 있었다. 아놀드 파머는 평생 수많은 골프대회에서 우승했음에도 그의 집에는 낡은 우승컵 한 개만 달랑 놓여 있었다. 잭 니클라우스가 그 이유를 묻자 아놀드 파머는,

"많은 경기에서 우승컵을 받았는데 왜 이 한 개의 우승컵만 놓아두었냐고? 이것이 내가 첫 우승 때 받은 트로피이지만 이유는 그게 아니고 바로 이것이네."라고 하며 우승컵에 쓰인 글귀를 보여주었다. 거기에는 이렇게 적혀 있었다.

"당신이 패배했다고 생각하면 당신은 패배한 것이다. 또 당신이 패배하지 않았다고 생각하면, 당신은 패배한 것이 아니다. 만약 당

신이 우승하기를 원하면서도 우승할 수 없으리라고 생각하면, 절대로 당신은 우승하지 못할 것이다. 인생의 경쟁에서 강하거나 빠른 사람이 항상 승리하지 않는다. 승리하는 사람은 자기가 할 수 있다고 생각하는 사람이다."

이 글귀는 아놀드 파머가 전 세계에서 거두어들인 수많은 우승의 원동력이었고 결국 그를 골프의 전설로 만들어 준 것이었다.

STEP 3

감성을 터치하라

모든 일이 내 뜻대로 내 방식대로 이루어져야 만족한다면 그것은 오해이다.
조직을 맡으려면 다양한 인력의 다양한 능력을 인정해 주어야 한다.

사람은 논리적으로 판단하고 행동한다.
하지만 아침에 눈뜨자마자 하고 싶은 일은 논리적으로 판단한 일보다
자신이 감성적으로 자극을 받은 일이다.
리더는 이런 측면을 건드려 줄 수 있어야 한다.

감성에
호소하라

리더가 결정하는 안건은 흔히 많은 직원들의 행동을 요구하는 경우가 많다. 이런 실행 계획은 보통 회사를 변화시키는 것이 많지만 그것을 구성원들에게 온전히 이해시키고 행동하도록 만들기는 쉽지 않다. 이때 어떻게 그들을 동기 부여 하느냐가 중요한데, 핵심은 바로 그들의 감성을 자극하는 것이다. 사람들은 경제적인 목적에서 일을 하고 권력 앞에서 어쩔 수 없이 움직이기도 한다. 하지만 사람을 가장 능동적으로 움직이게 만드는 동기는 바로 '내가 해야겠다.'고 마음먹을 때이며 그 마음은 논리적 판단보다 감성적인 자극을 받을 때이다.

2004년 도널드 베릭 소장은 미국 건강관리개선연구소장으로 취임했다. 며칠 동안 회사 현황을 둘러본 후, 응급환자들이 조치 부실로 한 해 10만여 명이 사망한다는 사실을 파악한다. 그는 즉시 이를 개선할 목표를 세운다. 어느 날 관계자들을 회사 강당에 모아놓고 다음과 같이 발표하였다.

"우리는 일 년 반 내에 10만 명의 생명을 구해야 합니다."

이렇게 그는 시한과 목표, 즉 두 가지 숫자의 목표를 정확히 제시하였다. 그렇다면 이 목표 설정으로 모든 것이 끝났을까.

베릭 소장이 내려오자 뜻밖에도 이번에는 처음 보는 여성 한 명이 단상에 올랐다. 자신이 의료과실로 사망한 어린 소녀의 어머니라고 소개한 이 여인은 울면서 이렇게 말했다.

"이 캠페인을 4, 5년 전에만 시작했어도 우리 딸 조시가 살아있을 텐데 말이에요."

(강당의 배경화면에는 해맑은 어린 소녀가 즐겁게 집 마당에서 뛰어 노는 동영상을 보여준다.)

"하지만 지금 저는 기뻐요. 이 일의 일부가 되었다는 사실에 마음이 뿌듯합니다. 여러분이 이 일을 해낼 거라고 믿으니까요. 여러분이 꼭 해 주시기 바랍니다."

이를 본 많은 관계자들은 '우리가 조금만 더 신경을 썼더라면 저 예쁜 어린 소녀가 살아있었을 텐데.'하고 느끼지 않을 수 없었다. 이제야말로 그들이 정신을 차려 이 일을 해결해 보자는 생각이 들었음은 물론이다.

이전까지 응급조치 부실 문제로 연구소는 속을 썩여왔다. 이런저런 조치도 많이 취했지만 만성적인 문제를 해결하지 못하였다. 관계자들 역시 이제는 무심해졌을지 모르는 상황이었다. 신임소장은 그들에게 감성적인 자극을 줌으로써 사람들을 움직였다. 물론 그의 목표 설정도 좋았고 시기적절했지만 무엇보다 화룡점정은 역시 감성에 호소하는 소녀 어머니의 등장이었다. 이렇게 사람들의 마음을 움직이도록 감성을 자극해주어야 한다. 그렇지 않고 힘이나 논리로 하려면 더 많은 시간과 노력이 소모된다.

    2011년 독일 여자 월드컵 대회에서 아무도 예상치 못한 일본 국가대표팀이 우승하였다.

    일본 여자축구가 잘하는 편이었지만 FIFA가 주최하는 월드컵 대회에서 우승까지 할 줄 알았던가. 더구나 마지막 결승에서 만난 미국 대표팀과는 과거 전패의 기록을 가지고 있었다. 그 넘을 수 없는 벽을 일본 여자대표팀은 연장전까지 동점을 기록하고 마침내 승부차기에서 허물고 말았다.

    수많은 내외신들이 찬사를 아끼지 않았다. "일본의 강인한 정신력이 빛을 발한 경기였다."는 등 언론의 찬사가 이어졌다.

    경기가 끝난 후 기자회견장에서 기자 하나가 대표팀 감독 사사키 노리오에게 물었다.

    "승리의 비결이 무엇입니까?"

이 질문에 대해 그는 뜻밖에 이렇게 답했다.

"경기 직전 대지진으로 피해를 입고 고통받는 국민들의 응원 메시지를 동영상으로 보여줬습니다."

당시는 동일본 대지진 직후였다. 탈의실에서 지진으로 고통받는 수많은 자국 이재민들이 잘 싸워달라고 응원하는 동영상을 본 젊은 선수들은 피가 끓었다. 이재민의 고통을 마음에 새기며 애국심으로 자신의 몸을 바쳐 뛰었다. 그것은 승리, 우승, 상금, 명예의 차원을 넘어서는 것이었다. 그는 그렇게 선수들의 감성에 호소하였다.

그런데 과거에 우리가 만난 많은 상사들은 가장 저급한 감성을 동원하곤 하였다. 그것은 바로 공포감 조성이다. 리더는 희망을 주고 보스는 겁을 준다고 했다.

"이번에 인사고과가 안 좋으면 대기 발령 낸다. 알겠지?"

직원들은 억지로 일하면서 '이놈의 직장 언제 때려치우지?' 하는 생각밖에 들지 않는다. 굳이 열심히 일하고 싶지도 않다. 대충 최하위권만 면하고 싶다. 모두 꼴찌만 면하고자 하는 정신으로는 회사 일이 잘될 리 없다. 우리는 공포정치로 실패한 국가를 수없이 보지 않았던가.

보험 이야기

한 보험회사는 보험금 지급 담당 부서가 아닌 영업사원이 고객에게 직접 전달하는 게 특징이다. 다른 회사에 비해 큰 차이가 이것이다. 알다시피 보험 영업이라면 힘들기로 유명하다. 이것 역시 잘 되려면 감성적 동기부여, 즉 자극이 필요하다.

A는 직장을 다니다 새로운 인생을 찾아 나이 사십에 희망퇴직을 하고 보험 영업에 뛰어들었다. 사회생활을 하면서 인맥이 있었으나 막상 보험 세계에 들어와 보니 예전 자신의 인간관계는 그다지 소용이 없다는 것을 알았다. 보험이라는 말만 들어도 사람들은 외면하기 일쑤였기 때문이다.

상처를 받으며 이 년여의 시간을 뛰어다닌 결과 겨우 백여 명의 고객을 확보하였지만 수입 면에서 아직도 어려웠다. 체력에도 한계가 온 것 같고 이 생활을 언제까지 할지도 막연한 상황이었다. 어느 영업이든 그렇지만 보험 영업은 특히 본인이 뛰지 않으면 아무 일도 일어나지 않는다. 매일 자신을 사지로 내모는 것 같았다. 비슷한 시기에 함께 시작한 동료들도 여러 이유로 하나둘 이미 회사를 떠났다. 그때 그의 보험 인생에 새로운 사건이 생겼다.

어찌 보면 당연한 일이기도 하지만 바로 그의 고객 한 명에게 보험금을 지급할 일이 생긴 것이다. 이 일로 A는 병원 영안실에서 이박 삼 일 동안 꼬박 고객 뒷바라지를 하였고 장지까지도 따라갔다. 모든 일정을 끝내고 고객의 집에 돌아와 그는 마침내 준비했던 보험금을 꺼내 유가족에게 전달했다. 금액을 알지 못하지만 그 봉투를 본 고객의 가족은 마치 죽은 가장이, 남편이, 아빠가 되살아난 것보다 더 슬프게 울며 고마워했다. 그토록 감사해 하는 모습을 보고 그는 다짐했다. '이렇게 좋은 게 보험인데 저 많은 사람들은 보험 없이 살고 있다니. 이것은 말이 안 돼. 나는 꼭 그들을 위해 보험을 전파해야 해.' 하며 새롭게 힘을 내서 보험 영업을 하게 되었다고 한다.

그가 다시 힘을 내서 영업을 하게 된 것도 따지고 보면 유가족의 얼굴에서 찾은 감성적 자극이다. 유가족이 무표정하게 그냥 봉투를 받고 말았다면 그것은 논리적으로 좋은 일이었을 뿐이지만 깊이 감사해 하고 눈물을 글썽이는 것을 본 순간 그는 깊은 감명을 받았다. '보험을 판매하는 일이 얼마나 좋은 일인가.' 이렇듯 우리 마음은 돈 못지않게 감성적인 자극으로 움직인다.

우리 모두가 하는 일들이 하찮다고 생각하면 그럴 수 있지만 유심히 보면 의미 있는 일들은 수없이 많다. 모든 일에는 의미가 있다. 조직에서도 일의 의미를 살려야 한다. 그렇게 하지 못하면 여러분은 그저 그런 리더의 한 명이 될 뿐이다. 이 세상의 어떤 직업이 의미 없는 일이 있을까? 범죄 행위나 윤리적으로 문제가 되는 일이 아니라면 나름대로 모두 의미가 있다. 심지어 카지노업도 어떻게 보면 여행자들이 평소에는 하지 못하는 것을 할 수 있도록 해주어 스트레스를 풀도록 해 준다. 당연한 말이지만 정도를 지나치면 심각한 문제가 된다. 마찬가지로 구두닦이, 미화원, 배달원도 좋은 의미를 찾으면 그 일을 더 잘할 수 있다. 사람들의 멋을 완성하는 구두닦이, 세상의 한구석을 정화하는 미화원 그리고 행복을 배달하는 배달원 등 이렇게 의미를 부여할 수 있다. 부하 직원뿐 아니라 리더도 역시 일 자체에서 충분히 감성적 자극을 찾을 수 있다.

부하 직원에게 큰절을 하다

외국계 회사에서의 일이다. 의외로 젊고 해외 경험이 없는 상사가 본사로부터 전근해 왔다. 각 부문장들은 긴장하며 그에게 쉽게 협조하지 않았다. 본인 앞에서는 당장 도와줄 것 같은 태도를 보였지만 돌아서서는 그렇지 않았다. 스스로 방어적인 태도를 보이는 듯했다.

"그가 여기 와서 뭘 어떻게 하겠어? 본사도 답답하게 우리로 치면 과장급 정도나 할 인물을 대표로 보내다니. 한국지사를 어떻게 보는 거야?" 대놓고 이렇게 말하지는 않았지만 그런 분위기였다.

실제로 그는 항상 혼자였다. 점심도 혼자 먹고 일도 혼자 하며 누구 하나 찾아와 살가운 태도를 보여주지 않는 듯했다.

그러던 어느 날, 그가 시간이 되면 잠깐 보자고 했다. 별로 업무와 관련 없는 이야기를 하더니 이렇게 말하는 거였다.

"DK, 우리 회사가 잘 되려면 무엇을 해야 한다고 생각하세요? 저는 한국 사정이나 사업 환경은 솔직히 잘 몰라요. 잘 알고 있을 테니 그때마다 저한테 정보를 줄 수 있겠어요?"

그런 이야기를 상사가 부하에게 하도록 했다는 생각이 들자 그에게 미안하였다. 그래서 가끔 중요한 일이 있을 때마다 그를 찾아가 아이디어나 정보를 주곤 했다. 그런데 나중에 알고 보니 그는 이미 각 부문장에게도 똑같은 접근을 하였고 그렇게 조직을 장악하고 있었다. 젊고 경험 없는 줄 알았지만 대단히 현명하게 접근하였던 것이다.

이와 반대로 어떤 리더는 "내가 너희들 상사이니 이제부터 내 말을 들어라. 왜 내 말 안 듣나? 죽고 싶나?"하는 강압적인 태도를 보인다. 하지만 진정 그들을 움직여서 선순환하도록 만들려면 내가 리더가 아니더라도 그들이 나를 따르고 싶을 정도의 덕을 쌓아야 한다. 직급으로 관계를 쌓기 전에 먼저 인간관계로 쌓은 관계는 오래간다. 내 직급, 직책으로만 일하려는 사람은 자리에서 내려오면 아무것도 남지 않는다.

처음 지점장이 된 한 직원은 예상치 않게 아주 큰 지점을 맡았다. 그보다 더 선배였던 선임 직원들도 많았고 규모 역시 엄청나게 큰 대형 점포였다. 그가 처음 지점에 들어서자 직원들이 새 지점장을 맞이하기 위해 늘어서 있었다. 그는 곧 직원들이 보는 앞에서 "잘 부탁합니다."하면서 큰절을 올렸다.

그 모습을 본 직원들은 어땠을까. "아니, 이 사람이 왜 이러지?" 했을까. 그보다는 "아, 이 분이 정말 우리 지점을 위해 전력을 다할 자세가 되어 있구나."하였을 것이다.

그렇게 시작한 그의 지점장 생활은 좋을 수밖에 없었다. 직원들을 떠받들듯 모시고 사는 데 싫어할 직원이 어디 있을까.

직원들과 대화를 많이 하는 상사 한 분이 있었다. 그는 점심 식사도 절대 혼자 가는 법이 없었다. 반드시 한 명의 직원이라도 데리고 나가곤 했다. 결재 받으러 온 직원과도 한마디씩 대화를 하곤 했다. 가끔 직원과 대화를 하다 슬퍼 보이거나 화가 나 보이기도 했다. 감정이입을 과하게 해서 그랬을까. 직원 하나가 면담을 끝내고 나오자 바로 부장실로 들어갔더니 그의 얼굴이 벌게져 있었다.

"아니, 부장님 무슨 일 있으세요?"

"아니, 화가 나서 그래."

"왜요?"

"저 직원 아버지가 부도났는데 집주인마저 옥탑방을 빼라고 한다는 거야. 세상 모질다."

"그야, 월세를 못 내니까 그런 거 아니에요?"

"아무리 그래도 그렇지. 나도 어렸을 때 아버지가 사업 실패하신 적이 있거든."하며 그는 휴지로 눈가를 닦았다.

평소 일 처리할 때는 이토록 감정적이지 않은 그가 왜 유독 직원들과 면담할 때만 부드러운지 이유를 몰랐다. 아무튼 많은 직원들은 그의 뛰어난 공감 능력에서 진정으로 부하를 위하는 리더의 모습을 보았을 것이다. 리더는 부하의 감성에 공감할 수 있어야 한다. 사람은 논리보다 감성이 앞선다.

우리 기업문화 속에서 부하 직원들의 감성에 호소하는 것은 생소한 접근일지 모른다. 이런 문화에 익숙하지 않기 때문이다. 부하는 군중이고 리더는 그들을 군중으로 간주하며 살았다. 개개인을 인격체로 받아주지 못했다는 의미이다. 이제 여러분이 진정한 리더로 대성하려거든 그들의 마음을 사야 하고 그들의 마음을 움직여야 한다.

"박 이사님 보면 정말 대단한 분 같아. 가장 일찍 출근해서 가장 늦게 퇴근하시고, 우리 본부에서 회사를 위해 노력하는 사람은 그분밖에 없어. 사실 다른 간부들은 다 놀잖아. 직원들에게 그런 관심을 가져 주는 분이 또 어디 있어? 그런 분이 잘 되는 모습을 보고 싶어."

뛰어난 군대는 뛰어난 병사가 있어서만이 아니라, 훌륭한 리더가 있고 그를 위해 죽겠다는 병사들이 있기 때문이다. 조직을 움직이는 리더라면 이런 접근으로 사람들의 감성에 호소할 수 있어야 한다. "나는 팀장, 당신들은 팀원. 내가 인사고과 권한이 있으니 내 말대로 하세요."라고 간단히 생각하는 리더는 지금의 자리도 유지하기 어렵다. 오늘 여러분은 어떻게 직원들의 감성에 호소하겠는가.

그들의 신상을 꿰차라

회사의 직원들이 인사성이 없다고 불평하는 임원들이 있다. 하지만 직원들의 말은 다르다. "인사를 드려도 본체만체하셔서 어색할 때가 많거든요." 그렇다. 서로가 서로를 알아보지 못하는 데 인사만 해서 무슨 소용일까.

전에 모시던 임원은 사무실 인테리어가 특이했다. 사무실 한 면에 부서별로 직원들 사진과 프로필을 붙여서 항상 볼 수 있게 해 놓았다.

"인사 변동이 있을 때마다 매번 그것을 교체하는 게 일이다."라고 인사부 직원이 투덜대는 것을 듣고 그의 사무실에 들어갈 때마다 유심히 보았다. 아주 좋은 아이디어 같았다. 아닌 게 아니라 그분은 복도나 엘리베이터에서 직원들과 마주칠 때 그냥 지나치는 법이 없었다.

"야, 김철수!"

"예."

"너 요즘도 자전거 타고 출퇴근 하냐? 이 추운데. 그나저나 내가 자전거 사려고 하는데 언제 시간 나면 좀 도와줄래?"

"예. 언제든 불러 주십시오."

"어이, 최 부장, 아버님 어떠셔?"

"여전히 좋지 않으십니다."

"참, 걱정이다. 어디 큰 병원 예약할 거면 내가 아는 사람 있으니 비서한테 이야기해 놔. 알겠지?"

"감사합니다."

"너희는 왜 꼭 퇴근 시간에 밥 먹으러 나가니?"

"어떻게 아셨어요?"(겸연쩍어하며)

"이 시간에 김 모씨, 정 모씨가 요 앞 분식집에서 밥 먹는 거 아는 사람 다 안다. 거기가 특별히 맛있나?"

"……"

"너희 형님 이번에 좋은 소식 있나?"

"예."

"잘 되셨구나!"

우리 회사에서 군에 있는 형님 안부를 묻는 사람이 누가 있을까? 그분밖에 없었다. 이런 식으로 직원들과 우연을 가장한 대화를 한다. 아마 이것이 그 자신만의 직원들과 대화하는 방법이고 몸짓일 것이다. 하지만 이런 말을 듣는 직원은 이분이 나에 대해 다 알고 있다는 생각만으로 친근감을 갖지 않을 수 없다. 나를 알아보는 사람에게는 충성하고 싶다. 저변에 '이분은 내 진가를 알아줄지도 몰라.'하는 생각이 깔린다. 그 임원은 수백 명 직원들 신상을 이렇게 훤하게 파악하고 있었다.

아마 직원 숫자가 수천 명이 되는 조직에서 이렇게 할 수는 없을 것이다. 물론 다섯 명의 팀원을 두고 있는 팀장이라면 애써 직원들을 알려고 하지 않아도 될 것이다. 그러나 부하 직원이 서른 명, 백 명, 삼백 명이 넘어가면 절대 쉽지 않다. 그래서 이렇게 부하 직원 개개인을 알아보는 상사는 의외로 드물다.

신입 사원 때였다. 당시 회사는 과 체제로 되어 있었다. 직원들이 회의도 자주 갖고 어울리기도 하는 대상은 과장님이었고 부장은 한 단계 건너의 높은 상사였다. 부장이 가끔 나를 부른다.
"야, 신입 사원, 너 이름 뭐지?"
그는 내가 입사 삼 개월이 지나서도 내 이름을 몰랐다.
"예, 저 송 아무개입니다."
"어이, 그래. 너, 미안하지만 총무부에 가서……"

이런 식이다. 육 개월 후에도 일 년 후에도 그랬다. 나중에 퇴사를 하면서도 직속 상사인 과장님에게 "부장님한테는 과장님이 말씀해 주십시오."하고 나왔다. 어차피 나를 잘 알지도, 부하로 생각지도 않는 사람과는 인사를 할 마음도 아니었다. 하지만 아이러니하게도 담당 이사님은 나를 알아봐 주었다. 임원 주재 회의 때 그분은 이렇게 유머를 던지곤 했다.

"내가 신입 사원 면접할 때 송 모 당신을 찍은 사람이 바로 나야. 그때는 꽤 똘똘해 보이던데. 우리 회사는 똑똑한 사람이 와서 일 년만 다니면 이렇게 되지. 당신도 여기 와서 많이 무너졌어."

칭찬인지 아닌지 잘 모르겠지만 아무튼 나를 기억하고 알아봐 주시니 이분에게는 개인적인 친근감이 있었다. 잘 해내지 못하는 것에 나는 항상 미안한 마음이었다.

얼마 전까지 다니던 회사가 모 항공사와 단골로 연결되어 있었다. 그래서인지 비행기를 타면 먼저 승무원이 와서 "안녕하세요. 송 모 전무님, 불편한 점은 없으세요? 무슨 일 있으면 언제든 저를 찾아 주세요."

갑자기 VIP 대우를 받으니 기분이 매우 좋아졌다. 그런데 그것도 잠시. 비행기가 이륙하고 두어 시간 지나 그 승무원을 다시 찾으니 조금 전까지 사적으로 대우하던 말투와는 달리 완전히 사무

적이었다. 앞에서는 내 이름과 직함을 불러 주더니 이번에는 '고객님'하며 다른 고객과 전혀 차이 없이 대하는 듯했다. 왜 그럴까 생각해 보니 승무원들은 그냥 건성으로 기내 매뉴얼대로 VIP에게 인사한 것일 뿐 다음 단계의 연결된 서비스는 애초에 없었던 모양이다. 아니면 그 승무원이 VIP 고객을 기억하는 데 익숙하지 않았을지도 모른다. 어쨌든 앞뒤가 일치하지 않으면 서비스는 의미가 없다.

마찬가지로 직원들의 프로필을 기억한다면 그것으로 그들에게 다가가는 방법을 생각해야 한다. 그래야 의미가 있다.

내가 직원의 신상과 가정에 대해 알면 알수록 그들이 나를 사사로이 대할 수 없다는 점에서 신상 꿰뚫기는 중요한 의미가 있다. 나를 아는 사람, 특히 윗분이 그렇다면 친근감과 함께 조직에서 편안함을 느끼며 동시에 잘해야 한다는 부담감도 저절로 생길 수 있다.

직원들 개개인을 파악하다 보면 그들의 진정한 가치를 발견할 가능성도 높다. 그래서 맨체스터 유나이티드의 퍼거슨 전 감독은 "떠나려는 팀원을 돈으로 잡으려 하지 말고, 대신 너의 가치를 알고 있다고 말해줘라."라고 하지 않던가. 사람들은 내 진가를 알아주는 상사에게 충성하기 마련이다. 어떻게 보면 돈보다 더 중요한 가치일는지 모른다. 반대로 자신을 무시하거나 몰라보는 상사에게는 팀원들이 그 정반대의 행동을 보일 수밖에 없다.

일대일 면담을 하라

수시로 일대일 면담을 하는 것은 좋은 방법이다. 사무실뿐 아니라 점심 식사 때에도 할 수 있고 퇴근길이 같다면 지하철이나 간단히 호프집에서도 할 수 있다. 더구나 여러분이 높은 자리에 있다면 몇 단계 아래 부하 직원들과도 정기적으로 대화를 하라.

처음 본부를 맡자마자 항상 하던 대로 부장과의 면담을 마치고 시간 나는 대로 부서 직원들과도 면담을 하였다. 여러 부서를 맡았기 때문에 다양한 직원들과 대화를 하게 되었는데, 하다 보니 이상하게 걸리는 것이 있었다. 한 부서의 직원들만 똑같이 말수가 아주 적었다. 질문을 해도 단답형으로 끝나고 궁금한 게 있으면 물어보라고 해도 없다면서 서로 멀뚱히 쳐다보다가 성급하게 끝나곤 하였다. 심지어 그 전에 다른 부서에서 나와 함께 근무해서 잘 아는 직원조차 말수가 줄어든 모습이었다.

이렇게 '직원들의 말수가 적은 부서는 어떤 압박 상태에 있다.'는 게 그동안의 경험이었다. 우연히 옆 부서에서 칸막이 너머로 그 부서 회의를 엿듣게 되었다. 아니나 다를까, 마치 군대식 상명하달 문화를 그대로 베껴 온 듯했다. 상사가 하는 말에 전혀 토를 달 수 있는 분위기도 아니었다. 중간중간 확실히 하려는 듯 협박에 가까운 표현도 등장하였다. 간혹 욕설이 난무하는 날도 있다고 평소 잘 아는 옆 부서 직원이 몰래 이야기해 주었다. 자신의 직급과 인사권을 가지고 전횡을 휘두르는 잘못된 모습의 전형이었다.

그는 일을 박력 있게 하려는 의욕이 많았다. 상사가 내리는 지시를 확실하게 이행하는 부하였지만 그의 부하들에게도 역시 그런 팔로워십을 요구했다. 그렇지만 그런 식으로 힘을 써서 움직이는 사회는 아니지 않은가.

모 기업의 CEO 사무실에는 커다란 유화가 걸려 있다. 그것은 장대한 배경에 몇 마리의 새가 그려 있는 아주 멋진 그림이었다. 나중에 그 회사를 퇴직한 직원들을 만날 기회가 있었다.
"아세요? 우리 회사에서 그 그림에 새가 몇 마리인지 아무도 모른답니다."
"?"
"모두 수첩만 보고 고개를 들 수 없는 분위기라는 말이지요."

모 신용카드 회사는 최근 새로운 인사제도를 만들었다고 한다. 성과가 좋은 팀은 6개월에 한 번 정기 인사 이동 때 다른 팀의 팀원을 스카우트할 수 있는 특권을 준다는 것이다. 단 스카우트 제의를 받은 당사자도 오고 싶어야 한다는 전제조건이 있다. 사실 이것이 핵심이다. 만일 팀장이 폭군이거나 어떤 이유로든 함께 일하기 힘든 유형이라면 누가 그 팀에 오고 싶겠는가? 또 몇몇 직원만 편애한다든지 술을 마시면 망나니처럼 군다든지 부하 직원들을 강압으로 괴롭혀서 성과를 낸 팀장이라면 누가 오겠는가? 사실 직원들은 회사 내의 어느 팀장이 그런지 다 알고 있다. 만일 그 팀장이 스카우트 제의를 거절당한다면 그 사실은 더 공공연하게 알려질 것이다. 팀장 스스로 행동을 바르게 하지 않으면 조직에서 설 자리가 없다. 이런 회사들이 늘어나고 있는데 조직을 힘으로만 이끌 수 있겠는가?

직원들과 면담을 하다 보면 평소 궁금해하는 질문을 받는다. 이때 될 수 있으면 해명하는 발언을 자제해야 한다. 자꾸 변명을 하다 보면 면담 자체가 불필요해지고 직원들에게는 부담만 하나 더 늘어나기 때문이다.

"우리 부장님은 말을 잘 들어주세요. 그런데 사실 바뀌는 건 하나도 없지요. 사실 부장 입장에서 어떻게 모든 걸 다 바꾸겠어요. 회사 차원에서 추진하는 것들이 많은데. 아무튼 좋은 분이에요. 부장님 믿고 저는 일합니다."

편안한 대화 채널로 일대일 면담을 유지하려거든 편안한 질문을 통해 그들이 많이 말하게 하라. 논리적으로 받기보다는 감성으로 우선 공감하고 받아 주어라. 리더가 변화시키려는 개념을 이해하지 못한다고 답답해하지 마라. 그들이 이해하지 못한 것은 리더 잘못이지 그들 잘못이 아니다. 분위기가 무르익으면 리더 입장에서 어렵게 생각하는 일도 솔직하게 털어놓아라. 그를 동반자로 인정하라. 적어도 그 자리에서는 절대 설득하려 들지 마라. 다만 이야기하게 하라. 여러분이 말을 많이 하는 자리가 아니기 때문이다.

글로벌 기업에 다닐 때 일이다. 많은 직원들을 만나며 듣는 말이 하나같이 직원들과 경영진과의 생각 차이가 크다는 것이었다. 회사는 글로벌 기업으로 나름대로 전략이 있었고 국내 직원들은 그들대로 현장 분위기가 달랐던 것이다. 그런 차이를 메워줄 대화도 쉽지 않았다. 외국 경영진은 현장에서 일어나는 일을 이해하지 못해 너무도 동떨어진 정책만 자꾸 내놓는다는 여론이 생겨났다. 현장 직원들은 대화를 하다 말문이 트이면 회사에 대한 불만을 마구 쏟아냈다.

그래서 생각해 낸 것이 주간 임원회의 때 직원들 가운데 회사 정책에 관심이 있는 직원 몇 명을 무작위로 참관시켰다. 물론 권유를 했고 본인들은 대부분 한 번쯤은 보고 싶다며 이른 아침 시간에 스스럼없이 참석했다.

그들의 반응은 나쁘지 않았다. 소감을 물으니 대답은 한결같이 이런 식이었다.

"경영진이 우리의 실상을 이렇게 소상히 잘 알고 있는지 몰랐어요. 아주 깜짝 놀랐어요. 그런데도 이해하기 어려운 정책을 내놓는 데는 뭔가 이유가 있겠구나 하는 생각이 들더라고요."

"정말 고객들과의 문제를 저희보다 더 잘 알고 있는지 몰랐어요. 아까 그 문제는 어느 부서의 이야기죠? 저희도 금시초문인데 우리보다 더 심한 데도 많네요."

"회의 전에는 해답이 분명히 있다고 생각했는데 참석해서 너무 많은 새로운 사실과 문제를 듣고 나니 머리가 더욱 복잡해졌어요. 경영진이 하는 일이 쉽지 않겠어요."

아마 그들은 이날 보고 느낀 것을 메신저를 통해 친한 직원, 입사 동기, 선후배들에게 전달했을 것이다. 회의에 참석했던 직원들의 눈빛이 그 후 예전과는 분명히 달라졌다는 것이다. 우연히 만날 때에도 상당히 수준 있는 말과 질문을 했다.

소통이 막혀 있는 조직은 많은 대화가 필요하다. 위에서 든 회의 참관 사례처럼 눈으로 보는 것도 효과가 있지만 대부분 들어 주는 것만으로도 큰 효과가 있다. 그 역할은 리더의 몫이다. 그런데도 상명하달식으로만 조직을 이끌려고 한다면 그가 설 자리는 조만간 사라지고 말 것이다.

인간적인 관계를 만들라
: 스킨십 리더십

다시 반복하지만 직원들과 인간적인 유대관계를 만들어야 한다. 나와 인간적으로 얽혀있는 사람은 나에게 남이 아니다. 일대일 면담을 하는 것도 그런 이유 때문이다. 여러분이 임원이면 현장 실무자와 대화할 일이 많지 않을 것이다. 이때 일대일 대화를 정례화하면 의외로 경영 아이디어나 조직 리더십에 도움이 될 수 있다. 아울러 부서나 팀 내부에서 일어나는 일도 파악할 수 있다. 어느 직원이, 어느 팀장이, 어느 부장이 어떤지 말의 느낌만으로도 알 수 있다. 이런 대화를 통해 그들의 진정한 신상에 대해서도 알아볼 수 있다. 퇴사하는 직원들과 식사를 하면서 알지 못했던 사실도 발견할 수 있다.

가족 동반 기획 행사를 한다

우리나라 기업 문화에서 익숙하지는 않으나 이런 행사를 하는 회사들도 요즈음 늘어나고 있다. 연말 크리스마스 연회라든지 단체 영화 관람이라든지 부부 동반 저녁 식사 같은 회사의 기획 행사에 가족을 초청하는 것도 좋은 방법이다. 이런 자리에서 만나는 가족들과도 친근하게 대화를 하면 그 직원에 대해 전혀 모르던 사실도 알고 서로에 대해 더 잘 알 수 있다. 그럴수록 가족 사이에 더욱 끈끈한 정이 생기고 직원들 사이의 관계도 깊어진다.

외국 회사에서는 이런 가족 모임이 많아서 부하보다 부하 직원의 가족과 더 친해지는 경우도 있다. 아이의 취미생활이나 다니는 학교, 친구들 이름까지 아는 정도가 되면 그 직원은 상사에게 더욱 충성하지 않을 수 없다.

임원 시절, 어떤 지점장으로부터 직원 한 명이 퇴사를 한다는 연락이 왔다. 이미 본부장과 면담을 하였으나 그래도 막무가내로 퇴사를 고집한다며 직원과 면담을 해서 붙잡아 달라는 것이었다. 이미 퇴근 시간이 지났지만 지점장을 앞세워 그 직원의 집을 방문했다. 다소 무리라는 생각은 들었다.

그곳에서 우리는 그를 설득했을까? 대신 그의 부인을 설득하였다. 의외로 회사의 높은 사람들이 들이닥치니 적잖이 당황하고 또 회사가 성의를 보인 것에 감동해서인지 결과적으로 그를 잡을 수 있었다. 그 후 그 직원과 더 친해진 것은 두말할 필요도 없다.

직원들의 신상을 기록한다

세상에는 두 가지 종류의 사람들이 존재한다. 하나는 내가 아는 사람, 다른 하나는 내가 모르는 사람들이다. 내가 아는 사람은 내가 인사하고 명함 정도를 주고받은 사람이라고 볼 수 있다. 아는 사람이란 곧 인간관계를 맺고 있는 사람이다. 그런데 엄밀히 말해 그냥 인사만 했다고 해서 아는 사람이라고 할 수 없다. 서로 간단한 신상 정도는 주고받고 감정도 주고받아야 비로소 안다고 할 수 있다. 이 정도도 알지 못하는 사람은 내가 알긴 하지만 실상 모르는 사람이다.

그래서 많은 직원을 상대해야 하는 리더라면 필히 직원들의 신상 기록을 써보면 좋다. 사례로 든 임원 사무실처럼 직원들 신상을 벽에 붙여 놓거나 아니면 나만의 방법을 개발하면 된다.

이런 일을 이야기하면 사람들은 "생일, 결혼기념일, 고3 아이 시험 날, 이런 것은 제가 알아 두었다가 챙깁니다." 하고 말하는 경우가 많다. 그런 중요한 행사를 어떻게 챙기는지 알 수 없으나, 그냥 문자 정도 보낸다면 이는 앞서 항공사 VIP 고객처럼 알아만 보고 아무 서비스도 없는 거와 다를 바 없다. 그러니 공식적인 사항 말고도 개인 정보를 듣는 대로 꼼꼼히 챙겨서 업데이트하고 써놓는 것이 필요하다. 사실 사회 생활하는 재미도 많은 사람들과 교제하는 데 있다. 회사가 아니면 이런 좋은 사람들과 친해질 기회도 없다. 그래서 언제든 그때그때 기록하는 것이 좋다. 알기는 아는데 이름과 직책밖에 모른다면 그는 내가 모르는 사람이다.

직원들과 일상사를 함께하라

채용한 지 얼마 지나지 않은 여직원 가운데 항상 얼굴이 어둡고 걱정이 있어 보이는 직원이 있었다. 무슨 일이 있는지 물어도 별로 그런 일은 없다고 대답했다. 신상명세를 보니 청량리에서 부모님이 식당을 경영한다고 되어 있었다. 그래서 하루는 물었다.

"부모님이 어떤 식당을 하시지?"
"예, 작은 식당을 하십니다."
"다른 게 아니고 우리 부서 회식을 해야 하는데 부모님이 하시는 식당으로 갈까 싶어서. 가능할까?"
"그럴 만큼 자리가 되는지 제가 전화해보고 말씀드리면 안 될까요?"

아주 조심스럽게 답을 했다. 결국 부서 회식을 그곳에서 했다. 부모님은 어리둥절한 모습이었지만 직원들은 매우 편하게 생각했다. 총각 사원 하나는 그 여직원이 마음에 들었는지 부모님에게 장인어른, 장모님하고 부르기도 하니 분위기가 좋을 수밖에 없었다. 사실 식당이 썩 잘 될 것 같아 보이지는 않았다. 어려운 집안 형편 때문에 그 직원의 얼굴이 평소 어두웠던 게 아닌가 싶었다. 그 후 그 여직원은 전에 없이 밝은 표정이 되었다.

그런 일로 어떤 직원은 이사님이 그 직원을 편애한다는 말도 하였다지만 다른 직원들에게도 그 정도의 관심을 가지려고 노력했다고 말하고 싶다.

오랜만에 전 직장 후배를 만났다. 그는 모 회사에서 처음으로 임원이 되어 근무하다 퇴사하였다. 그는 대화를 하면서 지난 이 년 동안 그의 상사인 CEO와 한 번도 점심을 같이 한 적이 없었다며 임원 생활에서 이게 정상이냐고 물었다. 비서실에서 우연히 본 일정표에 CEO는 온통 자신의 개인 일로 필요한 외부 인사들만 만나는 일정뿐이었다고 한다. 사실 임원 자리에 오르는 것에 관심은 많지만 그것을 관리하는 데는 무관심한 사람들이 특히 높은 자리에 굉장히 많다.

점심 이야기가 나왔으니 말이지만 80년대 어떤 회사는 임원 진급 심사를 하다가 후보들의 조건이 비슷한 것을 알고, 한 가지 기준을 더 추가했다. 그가 부서 직원들과 점심 식사를 얼마나 자주 했느냐를 따진 것이었다. 그 결과 윗사람에게는 살갑고 영리했던 부장들 가운데 상당수가 자신의 부서원들을 나 몰라라 내팽개치고 있었다는 사실이 밝혀졌다. 그들은 당연히 진급에서 탈락했다. 벌써 30년 전인 80년대 일이었지만 리더의 바람직한 모습은 변하지 않았다.

부하 직원을 인간적으로 대우해야 하는 것은 기본이다. 잘 알지 못하는 부하를 알려고 노력하고, 그를 내 동생이나 내 후배, 내 동반자 같은 마음으로 대해야 한다. 사람은 인간 대접을 받을 때 더 높은 수준의 성과를 내기 위해 노력하기 때문이다. 그렇게 대우받지 못한다면 아마 최소한의 일만 하려고 할 것이다. 자기를 제대로 대우하지 않고 알아봐 주지 않는데 성심껏 일하도록 동기부여 될 사람은 아무도 없다.

각기 다른 그들을
어떻게 동기부여 할까

부하 직원을 어떻게 동기부여 할 수 있을까 하고 물으면 대부분 전문가들은 칭찬하는 것이 한 가지 방법이라고 말한다. 물론 좋은 방법이다. 우리 기업 문화에는 칭찬에 익숙하지 않기 때문에 그런 면에서 칭찬을 하라는 뜻으로 생각하면 좋을 것이다.

나폴레옹은 남에게 칭찬받는 것을 몹시 싫어했고 심지어 칭찬하는 사람에게 화를 내기까지 했다고 한다. 어느 날 한 부하가 찾아와 말하기를 "장군께서 칭찬받는 것을 좋아하지 않는 것을 알고 있습니다. 그 점 때문에 저는 장군님을 더욱 존경합니다."라고 하였다. 이 말을 듣고 나폴레옹은 무척 좋아하며 기뻐했다고 한다.

하지만 결국 이 부하의 말 역시 칭찬이었다. 이렇게 칭찬을 들어서 기분이 좋아지고 자신감을 얻는다면 전혀 나쁠 것이 없다.

하지만 리더가 항상 칭찬만 하면 부하들은 그러려니 생각하는 게 문제다. 또 그런 칭찬이 한두 번은 먹히지만 계속 효과를 보기는 어렵다. 더구나 그것을 실없이 여기거나 전혀 받아들이지 않는 사람도 많다. 직급이 높고 점잖은 부하들을 모아놓고 칭찬을 쏟아놓는다면 그들은 '얼씨구나'하고 기뻐서 동기부여가 되는 대신, '오늘 대체 이 양반이 무슨 말을 하려고 그러지?'하면서 오히려 분위기가 가라앉을 것이다. 자신의 실력을 스스로 객관적으로 판단한다고 생각하는 사람들이 의외로 많다.

큰아이가 초등학교 다닐 때였다. 방과 후에 무술을 배우러 체육관을 다녔는데 썩 흥미 있어 하지는 않았다. 아빠를 닮아 운동신경이 둔했기 때문일까. 하루는 일찍 퇴근할 일이 있었다. 그런데 큰아이가 체육관에 가 있어야 할 시간에 집에 있었다.
"오늘은 체육관에 안 가니?"
아내가 대답했다.
"아, 거기 관장 아버님이 돌아가셔서 며칠 쉰대요."
당시 영업하던 습관대로 이렇게 말했다.
"아, 그러면 부조금을 보내지?"

그래서 봉투를 전달했다. 아내 말로는 체육관 보내는 아이 부모가 관장이 상을 당했다고 부조금을 보내지는 않는 것 같다고 했다. 그 무렵 아이가 검은 띠 초단 심사를 보게 되었다. 그런데 심사장에 갔다 온 아이는 여간 심사가 뒤틀려 보이지 않았다. 떨어진 것으로 생각하고 눈치를 보다가

"어떻게 됐어? 땄어?"하며 묻는 말은 완전히 무시하고 아이가 대답했다.

"이건 완전히 엉터리야. 내 발차기가 가슴 높이도 안 올라가는데 내가 초단이라니. 무슨 그런 무술이 다 있어. 나는 이런 운동 다시는 안 해."

"그래도 실력이 되고 그동안 쌓은 게 있으니 초단을 주었겠지."

하지만 아이의 귀에는 그 말이 들어오지 않는 모양이었다. 그날부터 아이는 체육관을 끊고 말았다. 실력이 정말 못 미치는데 초단을 그냥 준 건지, 그게 관장에게 부조금을 보낸 것과 관련 있는 건지는 잘 모르겠다.

이 일을 계기로 어떤 아이는 동기부여 되어 무술을 진짜 제대로 하고 또 어떤 아이는 말도 안 된다며 반대로 동기부여 되어 포기하기도 한다는 점이다. 이런 사건이 받아들이는 사람에 따라 동기부여가 될 수도 그렇지 않을 수도 있다는 뜻이다. 초등학생이 이럴진대 하물며 나이 많은 직장인에 대한 동기부여는 막연한 칭찬보다

는 더 세련되게 해야 한다.

인정은 칭찬과 다르다

칭찬을 하려거든 정확하고 객관적인 사실fact을 가지고 해야 한다. 그렇게 하는 칭찬을 우리는 인정recognition이라고 한다. 더욱이 그 대상이 나이가 있고 경력이 많은 사람이라면 쉽게 칭찬하는 것은 바람직하지 않다. 자신이 일을 어떻게 하고 있는지 뻔히 잘 알고 있는데 말도 되지 않는 칭찬을 하면 오히려 그를 황당하게 만들 뿐이다.

만일 칭찬할 내용이 계량화되지 않는 것이라면 할 수 있다. "오늘 프리젠테이션 내용이 아주 좋던데요. 내용이나 구성도 좋고 발표 기법도 뛰어납니다. 앞으로 직원 프리젠테이션 교육을 맡겨야겠네요." 이런 칭찬은 효과가 있다. 객관적인 평가를 할 수 없고 프리젠테이션을 들은 사람 반응은 사실이다.

그러나 "팀이 점점 좋아지고 있어요. 기대가 큽니다." "예? 전반적으로 다른 팀들의 숫자도 다 늘고 있습니다만 제가 맡은 팀의 숫자는 오히려 감소하고 있습니다. 제 팀이 순위로는 계속 바닥권입니다."라고 한다면 전혀 의미가 없다.

그럼 그 사실을 찾으려면 어떻게 해야 하나? 그것은 관심을 가져야 한다는 뜻이다. 부하들을 잘 관찰해야 한다. 일이 많아 쉽지 않더라도 그것이 가장 쉽게 할 수 있는 동기부여 방법이라면 어쩌겠는가. 무엇이든 나아지는 모습을 찾아야 한다. 앞에서 든 비유대로 전 과목 F에 단 한 과목 D의 성적을 받은 대학생 아들에게 아버지가 "너무 한 과목에만 집중하는 거 아니냐?"라고 해도 좋으니 그런 점을 찾아서 인정해보기 바란다. 무조건 박수를 보내는 칭찬이 아니고 엄지손가락을 들어 인정하는 것이 핵심이다.

이런 전략은 부하를 꾸짖을 때에도 이용할 수 있다. 만일 어떤 부하를 꾸짖고 싶다면 역시 무턱대고 화를 내기보다는 객관적인 사실을 제시하며 설명을 요구하는 것이 좋다. 다른 직원에 비해 실적이 왜 그렇게 저조한지 또 지난 분기에 비해 부진한 이유가 무엇인지 등을 짚는 것이다. 리더가 감정을 섞지 않고 누가 보아도 부진한 실적에 대한 개선책을 찾는 것으로 비칠 때 부하들은 공평하다고 느끼고 신뢰를 갖는다. 이때도 역시 객관적인 사실이 중시된다.

> 주요 대기업 직원들을 조사해 본 결과 가장 중요한 동기요소로 '급여'라고 대답한 직원보다 '인정'이라고 대답한 직원들이 네 배나 많았다. 냉정한 기업 세계에서 '인정'이라는 말이 얼마나 자주 등장하는지 살펴보면 재미있다. 직장을 그만둔 다섯 사람 가운데 네 명이 '자신을 '인정'해주지 않아서' 그만두었다고 말한다.
>
> – 댄 베이커의 '잘되는 회사의 사람들'에서

일찍이 에리히 프롬은 이렇게 말했다. "인간에게 세 가지 꿈이 있다. 첫 번째는 갖고 싶은 꿈(having), 두 번째는 하고 싶은 꿈(doing), 그리고 세 번째는 되고 싶은 꿈(being)이다." 여기서 되고 싶은 꿈은 자기가 인정받을 때 이루어진다고 느낄 것이다.

내 맘에 들지 않는 직원을 어찌할까

직원들은 자기의 실력이 느는 것을 느낄 때도 동기부여 된다. 그렇다고 무턱대고 그들을 내 방식대로 가르치려 하면 많은 난관에 부딪칠 수 있다. 사람마다 잘하는 분야가 다르고 일하는 방식도 다르며 의사소통하는 방법도 다르기 때문이다.

 기업 고객을 상대로 영업할 때의 일이다. 어쩔 수 없이 떠맡은 대리급 직원이 있었는데 원래 영업을 하는 직원이 아니었다. 따라서 거친 법인 영업을 어떻게 할 수 있을지 처음부터 걱정이 되었다.
 처음 한 달은 선배들이 멘토링 겸 함께 다니면서 고객과의 대화, 상담 등의 영업 기법을 배우게 하였다. 가끔 필자도 그를 불러서 지금 어떤 일을 어떻게 하고 있는지 묻고 상황에 맞는 내 비결을 가르쳐주기도 하였다. 나는 이 바닥에서 잔뼈가 굵은 사람이니 당연히 그에게 좋은 학습이 될 거라는 믿음이 있었다.

하지만 시간이 지나도 이 직원은 영업 직원이 될 소양이 너무 부족해 보였다. 너무 작아서 잘 들리지 않는 목소리에 항상 자신감 없이 머뭇거리는 표정으로 어떻게 까다로운 펀드매니저들과 당당하게 대화를 할지 걱정이었다. 언제 제대로 밥값을 할지는 전혀 논외였다. 그래서 그 직원을 오히려 괴롭히는 것처럼 보였을지도 모른다.

어느 날 그와 대화를 하며 아마 약간 짜증을 냈던 것 같다. 이 때 차장 한 명이 오더니 "이사님, 우선 저 친구는 좀 더 두고 보시지요. 제가 데리고 다니면서 책임지고 이끌어 보겠습니다. 어차피 시간이 걸리지 않겠어요?"

그렇게 그에게 손을 떼고 그가 왔다 갔다 하는 것만 보면서 이삼 개월이 지났을까. 갑자기 처음 보는 기업 이름이 신규 계좌 항목에 올라와 있었다.

"이 계좌 누가 유치한 거지요?"

"아, 그거 김 대리가 가져온 겁니다."

"그래요?"

그 어설픈 초보가 개설한 고객이라니. '개인적으로 아는 회사인가 보네.'하고 속으로 생각했다. 그리고 이 주일쯤 지나 이번에는 서너 개의 기업 이름이 신규 항목에 또 올랐다. 그 가운데는 상당히 알려진 기관투자가 이름도 있었다.

"이 기업 계좌들은 누가 영업한 건가요?"

"그것들도 김 대리가 유치한 것입니다."

그러더니 바로 그다음 주부터 고객들로부터 대뜸 큰 주문들이 쏟아져 나오기 시작했다. 다른 선배 직원들도 모두 놀라서 손 놓고 바라보는 실정이었다. 그래서 조용히 물었다.

"정 차장, 지금 받는 주문들은 어떻게 들어오는 거야? 김 대리 집안에 아는 친척이 거기서 근무라도 하는 건가?"

너무 뜻밖이다 보니 그렇게 해석할 수밖에 없었다.

"그런 거 같지는 않습니다. 저 친구가 그 회사에 거의 매일 전화를 두어 시간 이상씩 하고요. 매일 사무실까지 가서 살다시피 합니다. 거기 직원들하고 매일 구내식당 가서 저녁까지 먹고 온답니다. 술자리가 생기면 2차, 3차까지 남아 있다가 오기도 하고요. 그래서 가끔 아침 회의도 늦고 졸기도 했던 겁니다. 그래도 이렇게 빨리 거래를 틀 줄 몰랐습니다."

그렇게 그는 영업팀에서 자신만의 영역을 구축하기 시작했다. 며칠 후 김 대리와 함께 새로 거래를 시작한 기업 고객의 부장을 만나러 갔다.

"여태껏 많은 증권 회사 직원들을 보았지만 김 대리만큼 진솔하고 성실한 사람은 정말 처음입니다. 진심으로 우리를 위해 일해 준다는 것을 느낍니다. 다른 회사에서 온 직원들은 우리를 돈으로 보는 것 같고 때로는 이용하려고도 했거든요. 아! 그리고 여기 직원들에게도 김 대리는 정말 인기가 좋아요. 남의 회사 직원 같지 않다고들 합니다. 아무튼 좋은 직원이 우리 회사를 맡게 해 주셔서 감사합니다. 이사님도 우리 김 대리 잘 부탁합니다."

대략 이런 내용의 이야기를 들었다. 오히려 그쪽에서 우리 김 대리를 잘 부탁한다고 하니 어떻게 해석해야 하나. 돌아와서 외국인 상사에게 자세히 보고를 하니 그의 말이 더 걸작이었다.

"DK(필자 이니셜), (It's) About time for us to retire.(우리가 일을 후배들에게 물려주고 은퇴할 때가 되었나 보네.)"

하긴 그 외국인 상사도 몇 번 내게 물었던 적이 있었다.

"저 새로 온 친구 하루 종일 누구에게 전화를 하는지 무슨 전화를 하는지 아나? 영업 부서에 온 지 얼마 되지 않아서 전화할 고객도 없을 텐데. 개인적인 용무 보는 것 아니야?"

사실 그는 하루 종일 새로운 고객을 유치하기 위해 쉴 새 없이 전화를 돌렸고 고객들을 만나러 다녔던 것이다. 그의 방식대로 자신만의 영업 비결을 만들어 냈다. 주식 중개 일을 이십 년 넘게 했고 많은 사람들을 보아 왔지만 우리가 생각하는 영업 사원의 이상적인 틀이 정확히 맞는 것은 아니었다.

그 일을 경험하고 나서 세상이 내 생각대로만 돌아가지 않는다는 것을 알았다. 그리고 더 겸손해져야 한다는 것을 새삼 느꼈다. 다양한 자질과 능력을 갖춘 사람이 그 나름대로 독특한 방법을 개발해서 잘하면 그게 정답인 것을, 약간의 성공으로 오만해진 나만 몰랐다. 모든 일이 내 뜻대로 내 방식대로 이루어져야 만족한다면 그것은 오해이다. 여러분이 큰 조직의 리더가 되려면 다양한 인력의 다양한 능력을 인정해 주어야 한다. 그렇지 않다면 마음에 드는 두세 명의 똑똑한 직원들만 뽑아 쓰는 작은 팀만 맡을 수밖에 없는 작은 그릇이란 뜻이다.

수타 짜장 성공기

아는 선배도 비슷한 경험이 있다. 그 역시 오랫동안 회사에서 많은 직원들을 보아왔다고 했는데, 그중 한 직원에 관한 이야기였다.

인사 평가 점수가 매우 좋지 않은 직원 하나가 있었다. 실적이나 인간관계 역시 그다지 좋지 않았다고 했다. 마침 IMF 사태가 닥쳐 회사에서 구조조정을 하자 퇴직했다. 성격이 무척 내성적이어서 조용하고 붙임성도 없지만, 더 걱정스러운 것은 정리에 대한 그의 강박증이었다. 무엇이든 반듯해야 하고 퇴근할 때에는 책상 위를 완벽하게 정리하고 퇴근했다. 그런 그가 직장을 떠난 사회에서 할 수 있는 일이 무엇일지 쉽게 답이 나오지 않았다. 하지만 때가 때인지라 어쩔 수 없었다.

나중에 그의 근황을 알아보니 군대에서 취사병으로 근무했던 그는 중국 음식점을 열었다고 했다. 음식점은 음식 맛도 중요하지만 엄연히 사업인 만큼 영업 측면의 활동도 많이 필요하다. 그의 성격이 내내 마음에 걸렸다.

어느 날 그의 음식점에 가볼 기회가 있었는데 아니나 다를까, 걱정스럽게도 한창 바쁠 점심시간에 파리가 날리고 있었다. 당시 짜장면의 위생에 대해 부정적인 인식이 확산하던 시기였다. 매우 걱정스러웠다.

일 년 후 이번에 들리는 말에 의하면 뜻밖에도 그의 식당이 아주 잘 된다는 것이었다. 다행이다 싶어 왜 그런지 다시 가보았다.

"처음에 아주 힘들었어요. 그래서 주방장도 내보내고 배달하는 아르바이트 학생도 내보내고 내가 직접 면을 만들고 배달도 했지요. 제가 직접 아파트며 상가며 배달을 했는데 조금 지나니 주문이 조금씩 느는 거예요. 왜 그런지 알아보니 제가 배달 가서 아파트 마루에 음식을 내려놓으면 주인이 돈을 가지러 간 사이에 제가 현관에 기다리며 서 있지 않습니까? 그때 제 눈에 보이는 것은 어지럽게 널려 있는 신발들이었어요. 저는 그런 거 그냥 못 둡니다. 정리했지요.

그렇게 가는 집마다 현관 신발들을 정리했습니다. 그게 말이 퍼져서 그 중국집 주인이 깔끔한 성격이어서 지저분한 이미지로 인식하고 있던 자장면을 깨끗이 잘한다고 소문이 난 겁니다. 그래서 주문이 밀려오더니 심지어 다른 아파트 단지에서도 주문이 오는 거예요. 그래서 이렇게 되었죠."

분명한 사실은 사람마다 능력이 다 다르다는 점이다. 누구나 한 가지 이상의 재능이 있다. 리더는 각자의 다양한 장점을 잘 알아서 있는 그대로 살려야 한다. 회사 업무라는 것이 천편일률적인 경우는 극히 드물다. 다양한 재능이 필요한 경우가 많다. 훌륭한 리더라면 적재적소에 사람들을 배치하여 그들의 능력을 발휘하도록 해야 한다.

팀으로서는 주어진 환경과 조건에서 최대의 효과를 얻을 수 있다. 쉽게 변하지 않을 사람을 변화시키려고 시간과 노력을 들일 필요가 없다. 여러분 자신조차 어렸을 때 부모님이 뜻대로 변화시키지 못했지만 그래도 이렇게 성공한 것을 기억하기 바란다.

그러므로 부하 직원을 볼 때 "이 친구가 무엇을 할 수 없는가."가 보이기도 하겠지만 "무엇을 잘할 수 있을까?"를 먼저 찾아보라. 사람마다 동기부여를 달리해야 하기 때문이다.

갤럽이 수많은 직장인을 대상으로 "당신은 매일 직장에서 가장 잘하는 일을 할 기회를 얻고 있습니까?"라는 질문을 했다고 한다. 이 설문 결과, 자신이 가진 능력을 발휘하면서 일하고 있다고 느낀 조직은 그렇지 않은 조직에 비해 훨씬 더 활력이 넘치는 것으로 나타났다. 하지만 현실에서 과연 그런 강점을 발휘할 기회를 얻고 있느냐는 질문에는 고작 20%만이 그렇다고 대답했다.

- 김성회 박사의 리더십 칼럼 〈고수 상사는 부하의 강점을 먼저 본다〉 중에서

STEP 4

일은 즐겁게

리더라면 그들에게 항상 배울 거리를 찾아주어라. 그리고 그들과 함께 배우며 일을 즐겨라.
그들은 자신의 실력이 향상되고 있다고 믿을 때 자신감을 갖고 저절로 동기부여 된다.

무릇 일을 심각하게 할 수도 즐겁게 할 수도 있다.
모든 일은 만들기 나름이다.
그렇지 않아도 심각한 일을 더 심각하게 만들겠는가.

CEO의
직장관

다국적 기업의 본사 회장님이 한국을 방문하여 함께 식사할 기회가 있었다. 외국 분이지만 유쾌한 대화법과 다른 사람을 편안하게 하는 성향 덕분에 그저 늘 알고 지내온 선배 같은 느낌을 주는 분이었다. 그 자리에서 서로에 대한 개인적인 대화를 이어가던 중, 문득 그분에게 지금까지 직장 생활을 하면서 가장 중요하게 여기는 것이 무엇인지 물었다. 전 세계적으로 수많은 기업체를 거느린 초일류 기업의 회장님은 어떤 어려움을 겪고 극복해왔는지 궁금해졌기 때문이다. 갑작스러운 나의 물음에 회장님은 마치 준비하고 있었다는 듯 한 치의 고민도 없이 미국식으로 자신의 손가락을 한 개씩 펼치며 나에게 세 가지 이야기를 들려주었다.

첫째, 가족이 우선이다

모든 결정에는 내 가족 그리고 직원의 가족이 우선이다. 우리가 일한다면 목적은 무엇보다 가족을 위해서라고 생각한다는 것이다.

그의 설명은 이렇다. 선사시대부터 가장은 먹을 것을 찾기 위해 동굴을 나섰다. 동굴을 나서는 순간 위험에 처할 수밖에 없다. 하지만 그는 그래야만 했다. 무슨 비전을 가지고, 자신의 경력을 위해 동굴을 나서서 그 위험한 멧돼지를 잡아 오지는 않았다. 가족을 먹여 살리기 위해 그랬다. 수만 년이 지나고 현대에 이르렀지만 이 사실만은 변하지 않았다. 우리가 오늘 아침 집을 나선다면 가장 기본이 되는 사명은 가족을 위한 것이다. 모든 회사 일이 나의 가족이나 모든 직원들의 가족 관점에서 이루어져야 한다. 아무리 회사에 중요한 일이 있더라도 결혼기념일이 더 중요하고 고객과의 중요한 미팅이 있어도 아이의 졸업식이 더 중요하다. 그렇게 되어야 순서가 맞다.

사실 가족이 우선인 사람에게 회사 일로 인해 가정에 문제가 생기는 일은 없다. 가정에 아무 문제가 없다면 아무래도 자신의 역량을 쏟아 붓는 데 거리낌이 없을 것이다. 주말에도 고객과 등산을 갈 수 있으려면 그만큼 가족 우선으로 공을 쌓아 놓아야 한다.

그의 논리는 우리 기업 문화와 약간은 거리감이 있어 보였지만 곰곰이 생각할수록 사실 정확한 논리이다. 우리는 가족을 위해 일하고 희생한다고 하면서도 실상 일에 치여 지내면서 가족과의 관계를 소홀히 하는 때가 많다. 부부간에 소원해지고 자녀들과의 추억 하나 없는 그런 가장이 되곤 한다. 나중에 은퇴해서 집에 돌아갔을 때 가족들에게 투명인간 취급을 받는다면 오늘 아침 바삐 집을 나서는 의미는 퇴색될 수밖에 없다.

둘째, 좋은 팀을 이루어야 한다

일은 혼자 하는 것이 아니다. 흔히 말하듯, "멀리 가려거든 함께 가라."는 말처럼 그런 팀이 필요하고 그 팀을 만들면서 리더로서 일이 시작된다.

여기에는 역할도 필요하고 전문성도 중요하다. 아무튼 내 불충분한 능력을 보완할 최상의 팀이 구성되면 좋다. 하지만 국가대표팀도 아닌 이상 감독은 주어진 선수들 위주로 짜인 선수단을 그대로 인수하여 가꾸어나가야 한다. 여기서 감독 고유의 운영 비결이 드러난다.

팀원 각자의 역할은 감독이 부여하기 나름이다. 실적을 맡아 줄 골잡이, 팀원들의 사기를 높여줄 분위기 띄우는 사람, 어려운 상황에 특히 빛을 발휘하는 해결사, 결정적 순간을 만들어 도움을 주는 미드필더, '잠자는 사자에 방울을 달' 치명적인 임무를 맡을 사람,

없는 듯 묵묵히 팀의 기반이 되어 줄 인프라 같은 사람 등이 있을 수 있다. 이런 사람들이 모여야 하나의 팀이 된다. 아무리 공을 잘 던지는 류현진 선수라도 그와 같은 선수만 아홉 명이어서는 팀 구성이 되지 않는다.

부하를 선택한다면 어떤 면이든 리더인 나보다 조금이라도 더 나은 사람을 택하라. 사람들 가운데는 자신보다 더 나은 부하를 두지 않는 상사도 많다. 자신이 바보라고 자처하는 꼴이다. 부하 때문에 내 자리가 위협받는다고 생각하는 상사는 정말 위협받을 것이다. 위협받지 않는다고 생각하는 상사는 위협받지 않는다.

팀맨

팀원 가운데 한 가지 유형은 자신의 능력은 그저 그래도 팀에 들어가면 팀워크를 만드는 데 기여하는 사람이 있다. 개성 있는 사람들이 모여 쉽게 단합하기 어려운 팀도 그가 들어가는 순간 막강한 조직력을 갖춘 팀이 된다. 그는 분위기 띄우는 사람일 수도있고 이른바 팔로워십이 강한 사람일 수도 있다. 사전이나 경영 용어에는 없지만 그런 직원을 필자는 '팀맨 team man'이라고 부른다. 그런 응집력 있는 사람을 반드시 팀에 참여시켜라.

일반적으로 사람들은 조그만 팀이든 큰 팀이든 자신이 지지하는 사람에게 줄을 서는 경향이 많다. 조직 내에 계파를 만든다. 인간은 무리 생활하는 사회적 동물이라 그럴까. 이런 경향은 팀워크를 해친다. 이때 팀워크를 만드는 사람, 즉 팀맨을 활용하면 조직을 결집시키고 분열을 막을 수 있다. 마치 열심히 일하는 비버라는 동물처럼 어떤 저수지에 풀어놓더라도 자신의 일인 물이 새는 구멍을 막아내는 본능과도 같은 존재라고 할 수 있다. 이들의 공통점은 원활한 팀을 만들어내는 본능이 강한 사람이다. 자신이 잘 되려면 우선 조직이 잘 되어야 한다고 믿는다.

일본 경제가 한창 성장하던 80년대에 세계의 많은 경영자들이 일본식 경영을 배우곤 했다. 지금은 경제력이 많이 쇠퇴했지만, 아직도 기억나는 것은 일본 기업인은 세계 어느 나라 기업인보다 그룹 지향적인 사람이라는 것이다. 그들은 '그룹이 잘 되어야 내가 잘 될 것'이라는 생각이 다른 사람들보다 강했다. 팀 내에서 서로 경쟁하는 관계에 있다가도 상대가 월등하다 싶으면 바로 고개 숙이고 들어온다. "우리 팀의 리더가 되어 주십시오." 하는 식이다. 아마 다른 나라 사람이라면 "네가 그렇게 잘해? 나도 할 수 있어."하고 반발하며 떠날지도 모른다. 그들은 나보다 낫다 싶으면 바로 고개 숙이며 들어오고 나보다 못하다 싶으면 그와 정반대인 특이한 사람들이다.

미국에서 대학원 다닐 때의 일이다. 당시 직장 생활을 몇 년 하다 갔기 때문에 나이도 그렇고 영어 실력이나 공부 열의로 보아 그다지 총명해 보이지 않았을 것이다. 몇 명의 동양계 학생들과는 친하게 지냈지만 그 가운데 유독 한 일본 학생과는 서먹한 관계였다. 영어를 잘하던 그는 주로 미국 학생들과 어울렸다. 평소 나와 눈이 마주치면 피하고 같이 대화를 하다가도 이내 자리를 피하는 등 뭔가 불편한 관계였다. 한 마디로 나와 대면하기 싫은 듯해 보였지만 나 역시 별로 개의치 않았다.

한 번은 수업 시간에 팀 발표가 있었다. 지각한 벌로 서로 잘 알지 못하는 학생들과 겨우 팀을 만들었다. 다른 팀들은 서로 친한 친구들로 이루어져서 팀워크가 아주 잘 맞는 팀들이었지만 우리는 그렇지 못했다. 하지만 우리 팀도 장점은 있었다. 팀원 네 명 모두 직장 경력이 있었다. 그곳이 경영대학원인 만큼 강점이 되었다.

며칠을 어울려 작업을 하고 발표를 하였다. 다행히 내가 잘 아는 주제였고 팀 동료들도 내가 발표할 분량을 많이 주었다. 발표라는 것이 잘 아는 분야이면 자신 있게 말할 수 있지만 잘 모른다면 목소리에 자신감이 떨어진다. 발표가 괜찮았는지 끝나고 나서 교수님이 조목조목 내용이 좋았다고 칭찬을 해 주셨다. 쉬는 시간에 우리 팀이 모여 좋아하고 있었는데 갑자기 내 등을 치는 사람이 있었다. 돌아보니 그 일본 친구였다.

"DK, 발표가 아주 좋았어. 동양의 기업문화를 모르는 미국 애들에게 정말 신선한 충격이었을 거야."

하면서 자판기에서 방금 꺼낸 차디찬 콜라 캔을 따주는 게 아닌가. "다른 과목 시간에도 팀 발표가 있다는데 아직 팀을 짜지 않았으면 나랑 같이하면 어때?" 하는 것이었다.

지금 생각해 보면, 그가 필자와 다른 점은 그는 실력이 자신보다 낫다고 생각하면 바로 가서 무릎을 꿇고 협조를 받아내는 실용적인 사람이었고, 필자는 그런 성격이 아니었다는 것이다. 그 후 그를 유심히 살펴보니 그는 팀 내에서도 누가 리더가 되어야 할지 정하는 데 아주 능한 듯했다. 대부분의 사람들은 은근히 자신이 리더가 되어야 한다고 믿지만, 그는 누가 리더가 되어야 하는지를 정하는 아주 합리적인 친구였다. 바꿔 말하면, 팀에 도움이 될 것 같지 않은 사람에게 그가 어떻게 대했을까 추측이 되기도 했다. 아무튼 그는 팔로워십과 팀워크를 더 중시하였다.

그가 들어간 팀은 항상 팀워크가 좋았고 그 중심에 그가 있었다. 그는 나서지 않지만 그렇다고 인기가 없지도 않았다. 그는 팀의 일원으로서 그런 팀을 만들고자 항상 노력하였다. 그런 팀원이야말로 여러분이 리더라면 꼭 한 명은 두고 싶은 팀원이다. 두드러진 능력은 없지만 사실 가장 중요한 능력을 갖춘 인재이다. 이런 팀원을 꼭 찾아 팀에 둘 것을 권한다.

마지막으로, 하는 일에 재미를 만들어 주어야 한다

아무리 먹고살기 위해 하는 힘든 일이라 하더라도 일은 재미있게 할 수 있어야 한다. 일은 심각하게 만들면 심각해지고 재미있게 만들면 재미있어진다는 면도 있다. 일이 재미있으면 굳이 그들에게 지시하지 않아도 할 것이다.

직장인들은 대체로 지쳐있다. 몸도 피곤하거니와 생활하느라 정신도 지쳐 있다. 이들에게 필요한 것은 색다른 맛을 주는 일터일지 모른다. 현명한 리더라면 부하 직원을 펀fun으로 경영하는 법을 터득해야 한다. 그 방법을 알아보자.

내부경쟁을
시켜라

마크 트웨인의 소설 《톰 소여의 모험》에 보면 주인공인 개구쟁이 톰 소여가 말썽을 피워 이모로부터 담장에 페인트칠을 하라는 벌을 받는다. 하지만 톰 소여는 이 싫증 나는 일을 친구들 앞에서 재미나는 듯 해 보인다. 친구들에게 사과를 얻어먹고 돈까지 받으며 친구들이 담장에 페인트칠을 하게 해서 쉽게 임무를 완수한다. 또 그렇게 열심히 일을 한 친구들이 일을 하게 해 준 톰에게 오히려 고마워한다. 이는 바로 일을 '즐거운 놀이'로 생각하게 한 발상의 전환이 있었기에 가능한 일이다.

소설 속에서 짓궂은 톰 소여의 의도도 그렇지만 사실 모든 일은 생각하기 나름이다. 다시 말하면 재미있을 수도 지루할 수도 있다는 말이다. 그렇다면 지루하게 할 이유가 있겠는가. 모든 일은 재미있게 만들어 볼 수 있다.

예를 들어, 간단한 업무를 할 때에도 적당히 경쟁심을 불어 넣어 보는 것도 방법이다. 어떤 계획서가 필요할 때에도 공모하여 채택된 안에 대해 합리적인 선에서 포상을 해주는 방법도 있다. 심각한 경쟁이라기보다 일종의 놀이 개념으로 접근하는 것이다. 사람은 원래 경쟁적이고 그때 더 많은 에너지가 나오게 된다. 그것이 재미 아닌가.

주식 시장 상황이 좋지 않고 거래량이 줄면 딜링룸 영업팀원들은 모두 사기가 떨어진다. 투자 심리가 너무 위축되어 투자자에게 어떠한 주식을 권해도 투자를 하지 않는다. 투자자들인 펀드매니저들도 지쳐 있기는 마찬가지였다. 하지만 그렇게 맥 놓고 있을 수는 없었다. 이렇게 재미가 없을 때에는 우리 딜링룸 내 영업팀에서는 내기를 하곤 했다.

이때 "자, 정신 차리고 전화기 듭시다!"하고 소리 지르기보다 애널리스트를 한 명 불러 추천할 만한 좋은 주식에 대해 영업팀원들에게 설명하게 한다. 그 주식이 좋다는 데 동의하는지를 팀원에게 묻고 모두 동의한다면 지금부터 고객에게 전화하여 가장 먼저 매수주문을 받는 사람에게 간단한 상을 준다고 선언한다. 포상이라고 하지만 간단한 상품권 같은 것이다.

"시작!"과 동시에 영업 직원들은 치열하게 전화기를 돌리기 시작한다. 상품은 별것 아니었지만 자존심, 경쟁심과 그로 인한 재미였기 때문이다. 결과는 항상 일등하는 직원이 일등을 하지만 다른 직원들도 지지 않으려고 열심히 다이얼을 돌린다. 갑자기 아드레날린이 분비되면 사무실은 어느덧 왁자지껄하고 흥미진진한 공간으로 바뀐다. 어떻게 시간이 지났는지 모르게 시간은 지나가고 승부는 결정된다. 아쉬움, 기쁨, 실망, 환희가 교차하기도 하지만 이런 것들이 사람 사는 재미이다.

이런 '내기'로 추천한 주식은 우리 회사 고객들의 매수주문으로 주가가 폭등하기도 했다. 추천 기업은, 펀더멘탈은 좋았지만 특별한 재료가 있는 주식은 아니었다. 심지어 조금 전 그 주식에 대해 설명을 들었지만 사자 주문을 내지 않았던 투자자들이 주가가 상승하자 다시 전화가 온다.

"송 이사, 모 자산운용의 장 부장인데요. 그 주식 지금 사도 늦지 않을까요?"

우리가 일의 재미를 찾는 동안 주식 시장이 다시 활기를 찾은 느낌이었다.

적당한 긴장감과 경쟁심, 이것은 우리가 스포츠를 할 때의 느낌이다. 이런 느낌 때문에 우리는 스포츠를 하거나 경기를 관람한다. 재미있기 때문이다. TV 예능 프로그램도 이런 요소를 살려서 성공한 사례가 많다. 나는 가수다, 불후의 명곡, 도전 드림팀, 우리 동네

예체능, 수퍼스타 K 등 수도 없이 많다. 모든 스포츠는 경쟁 요소 때문에 사람들의 아드레날린 수치가 높아지고 그래서 재미있게 마련이다. 김연아 선수나 류현진, 박인비, 손연재, 박태환 선수 모두에게 경쟁이 있고 그들에게는 스토리도 있다. 물론 경쟁을 하면 그만큼 스트레스나 긴장이 생긴다. 부작용이지만 그런 이유로 스포츠를 하지 않는 사람은 없다. 이완된 상태가 편하겠지만 무슨 재미가 있을까.

한 가지 유의할 점은 이런 경쟁을 할 때 승자에게 시상을 하므로, 그 이상의 지나친 칭찬은 삼가라는 것이다. 칭찬의 정도가 지나치면 경쟁 심리를 왜곡시켜 시기와 질투를 유발하기 때문이다.

아무튼 일을 재미있게 만들 방법을 찾아야 한다. 생각해 보면 많은 방법이 나온다. 간단한 게임부터 다소 어렵지만 가능성 있는 임무를 부여해 일을 통해 아드레날린을 분비하고 적당히 해소할 수 있게 해 주어야 한다. 그렇지 않으면 사람은, 특히 똑똑한 사람은 금방 일을 지루하게 여길 것이다. 매일 똑같은 일인데 어찌 지겹지 않을 수 있을까. 만약 일을 지긋지긋하게 만드는 상사가 있다면 아마 틀림없이 그는 그렇게만 해왔기 때문이다. 그때 어떻게 하면 지겨운 일을 재미있게 만들 수 있을까? 이것을 해내는 상사라면 한 차원 높은 수준이 틀림없다.

기업 환경은 경쟁이 모든 것

박지성 선수가 몸담았던 맨체스터 유나이티드 팀의 알렉스 퍼거슨 전 감독은 선수들을 움직이는 전략이 특이하다. 맨체스터 유나이티드 선수들은 최소 수십억 원에서 많게는 수백억 원의 연봉을 받는 세계 최고의 프로 선수들이다. 시합에서 골을 넣거나 어시스트를 하는 등의 기여를 하면 다음 해 연봉이 얼마나 늘지 본인이 더 잘 알고 있다. 그들은 스스로 동기부여 된 프로 가운데 프로이다. 그런 그들을 감독은 자신이 원하는 게임과 전술을 펼치도록 새로이 동기부여를 해야 한다. 여간 어려운 일이 아니다.

퍼거슨 감독 역시 내부경쟁을 교묘하게 이용했다. 우선, 어느 자리에도 고정된 주전 선수는 없다고 선언했다. 그러니 한 자리에 뛰어난 선수가 나와도 그와 경쟁할 만한 선수를 기용하여 경쟁을 시킨다. 선수로서는 여간 피곤한 일이 아니다. 만약 경쟁에서 밀린다면 돈도 문제지만 그보다 자존심이 더 문제이다. 축구 실력으로 한번도 밀려 본 적이 없는 최고 수준의 선수가 위기의식을 느껴 자기도 모르게 더 많이 뛰고 더 노력하게 된다. 감독의 전술과 지시에도 더 잘 따르려 노력한다. 최고의 프로로서 자존심의 상처는 감정적으로 원치 않는다. 결과는 당연히 더 좋게 나온다. 경쟁 선수나 감독이나 팀이나 모두 서로 승리하는 것이다.

사실 우리나라 사람처럼 경쟁에 집착하는 민족은 드물다. 어려서부터 부모가 우리에게 늘 하던 말은 "같은 밥 먹고 너는 왜 못해."이다. 이 말만큼 경쟁심을 자극하는 말은 없다. 이 말이 우리 뇌리에 박혀 경쟁심을 부추겼기 때문에 우리나라가 이 정도 사는 이유일지도 모른다.

> 경쟁자의 존재는 잠재적 에너지 발휘에 기여한다. 어린이를 둘씩 짝을 지어 낚싯줄을 감게 하는 실험을 한 결과, 50%는 다른 경쟁자가 있을 때 더 신속하게 낚싯줄을 감아올렸다. 25%는 거의 영향을 받지 않았다. 나머지 25%는 낚싯줄을 헝클어뜨리고 실타래 놓치기를 반복하다 완전히 기진맥진해 포기를 선언했다.
> – 스포츠 의학자 트리플랫 박사의 '사랑의 행동을 결정짓는 심리코드'에서

경쟁이라면 반드시 비슷한 실력의 맞수가 존재한다. 그 맞수로 인해 스트레스를 받지만 그의 존재 때문에 자기도 동기부여를 받는다. 따라서 서로 승리한다. 예전의 연예계 스타, 스포츠 스타 역시 이런 구도에서 더욱 빛을 발했다.

70년대에 남진과 나훈아가 그랬고, 90년대에 박세리와 김미현이 그랬다. 그들 모두 초기에 경쟁 구도에서 출발했다. 그럴 수밖에 없는 것이 혼자 뛰는 단거리 선수가 세계 신기록 내기 어렵고 목표 없이 하는 일은 발전하기 힘들다. 또한 경쟁에서 승리가 목표라면

적어도 발전은 있다. 사회주의가 몰락하고 자본주의가 발전하는 이유는 경쟁이 있기 때문이라고 할 수 있다.

미국 여자프로골프(LPGA)를 한국 선수들이 압도하고 있다. 이미 박세리 선수가 명예의 전당에 헌액되었고, 박인비 선수는 한 해에 메이저 대회를 3연속 석권하여 남녀 골프 사상 처음으로 그랜드 슬램에 도전하기도 했다. 골프의 여제라고 했던 애니카 소렌스탐, 로레나 오초아 누구도 근처에 가보지 못했던 성과이다. 미국을 제외한 어느 나라 선수가 세계무대에 이토록 많이 진출했을까. 한때 우리보다 골프 선진국이었던 일본도 그렇게 하지 못했고 어느 유럽국가도 이 정도까지는 하지 못했다. 기량이 풍부한 젊은 한국 선수들이 쉴 새 없이 몰려들자 미국 골프 관계자들이 물었다고 한다.

"한국에는 골프 꿈나무를 키우는 어떤 시스템이 있나요? 계속 젊은 선수들이 나오다니 궁금합니다."

지금은 여러 시스템이 좋아졌다. 골프 대학도 있고 꿈나무 골프 교실도 많이 있고 선수 양성 시스템도 있다고 한다. 하지만 골프계 인사에게 물어보니 이 말이 나오던 2000년대 초, 중반까지만 해도 그들에게는 오로지 경쟁 시스템밖에 없었다고 한다. 그것만으로도 많은 일을 할 수 있었다는 의미이다.

이를 잘 아는 어떤 사람은 경쟁구도를 인위적으로 만들기도 한다. 우연히 만난 어느 회사의 임원은 직원들에게 이 말을 꼭 해준다고 한다.

"멘토보다 경쟁자를 잘 잡아라. 그는 오늘 무엇을 하고 있을까?" 경쟁자를 잘 선택하면 나도 발전할 수 있기 때문이다. 그래서 그 회사의 각 팀은 자신만의 경쟁팀을 정해서 경쟁을 시키고 직원들도 각자 경쟁자를 정해서 역시 경쟁 심리를 북돋운다고 한다.

사실 조직에서 경쟁을 유도하는 것은 생각만큼 쉽지 않으며, 섣불리 경쟁을 유도했다가 구성원들이 아는 순간 그들 사이에 타협이 일어나 경쟁 구도가 무너지기도 한다.

경쟁 유도의 원칙

A가 맡은 영업부에는 4개 팀이 있다. 최근 신상품 판매 기획 행사가 벌어져 경쟁하고 있다. 그런데 평소 영업력이 가장 약한 D팀의 실적이 4개 팀 중 가장 성과가 좋은 상황이다. 사실 부장인 A가 몰래 지원하고 있었기 때문이다. 이를 모르는 나머지 팀장들이 자연히 실적으로 스트레스를 받으며 분발하기 시작했다.

하지만 회의 시간에 팀장 가운데 한 명이 부장이 부당하게 D팀에게 실적을 몰아주었기 때문이라며 투정 어린 항의를 하는 바람에 결국 전체 부서에 알려졌다. A의 의도는 조용히 약체팀을 지원해서 다른 팀들의 실적을 자극하고 독려하려고 했던 것이다. 그 의도가 너무 쉽게 드러난 것이 문제였다.

조직에서 경쟁을 유도하려면 다음 사항을 기억해야 한다. 경쟁을 시작하기 전에 먼저 경쟁이 일어나는 토양이 되어 있어야 한다. 우선 시작점이 같아야 한다. 직원들마다 바탕이 다르니 균형을 맞추기가 쉽지 않다. 그래도 이런 조건은 모든 스포츠 경기와 마찬가지로 동일하게 적용된다. 스포츠 이야기가 나왔으니 말이지만 당연히 규칙이 있어야 하고 그 규칙은 공평해야 한다. 만약 리더가 어떤 팀을 편애하거나 도와준다면 경쟁심은 쉽게 사라질 수 있다. 공평하지 않기 때문이다.

리더가 고향 후배, 대학 후배, 함께 근무한 적이 있는 후배, 공채 후배 등을 조금 더 친하게 대우하는 것은 바람직한 처신이 아니다. 모 그룹은 직원들 사이에 귀족이 있고 성골이 있다고 하니 그런 조직에서 건전한 경쟁을 기대하기는 불가능하다. 회사가 또는 리더가 직원들을 편애하며 동시에 경쟁을 독려하는 것은 어불성설이다.

되도록 단기 목표를 두어 경쟁을 시키는 것이 유리하다. 장기 목표를 두면 그것에 그대로 익숙해져서 부담을 갖지 않는 수가 있다.

자, 그러면 어떤 조건이 갖춰져야 경쟁이 이루어질까? 눈으로 보는 운동경기는 가능하다. 하지만 자기 실적밖에 알 수 없는 기업환경에서는 전체 직원이나 팀의 데이터가 자동으로 실시간 반영되어 조회할 수 있도록 제공되어야 한다. 그래야 시시각각 경쟁심이 생기게 된다.

무엇보다 리더는 되도록 경쟁이란 단어를 입 밖에 내지 않는 것이 좋다. 리더가 아닌 그들 스스로 경쟁을 만든 것처럼 여길수록 효과가 크다. 조직은 서로 경쟁하지 않는 분위기로 되돌아가는 경향이 있기 때문이다. 서로 이기기 위해 매일 전쟁하듯 일한다는 것은 당연히 피곤한 일이다.

그들이 경쟁하는 동안 리더는 잘하는 직원이나 팀을 칭찬하거나, 못하는 직원이나 팀을 꾸짖는 방법으로 개입하면 안 된다. 그것 자체가 편애의 소지가 있기 때문이다. 하지만 경쟁이 과열되는 양상을 보이면 리더가 합리적인 방법으로 개입하는 것은 필요하다. 경쟁을 통해 직원들의 실적이나 성과가 좋았다고 해도 연속적으로 피로감을 조장하는 것은 조직력을 위해 좋지 못하니 경쟁 후에는 쉬는 기간을 적당히 두는 것도 필요하다. 경쟁의 방법이나 상벌 규정 등은 구성원들의 의견으로 정하게 하고, 상벌을 확실하게 집행해야 한다.

여러 조건에 따라 조직 내에서 경쟁이 가능한 상태인데도 그렇게 경쟁이 일어나지 않는다면 다음의 상황이 아닌지 확인해 본다. 경쟁에서 좋은 성적을 내기 어려운 고참들의 압박, 아니면 팀장 사이에 담합이 일어나고 있지나 않은지, 혹은 경쟁에서 형편없이 뒤처지는 팀이 이미 포기해서 경쟁 구도가 성립되지 않은 것인지 등이다. 이때는 적절히 개입해서 보완할 필요가 있다.

마지막으로, 내부경쟁이 심각한 상황으로 흐르지 않도록 해야 한다. 그러면 재미의 차원을 벗어나고 조직을 피로하게 만들어서 오히려 부작용이 생길 수 있기 때문이다.

즐겁게
경영하라

　　　　　　　　일의 또 다른 재미는 직장 분위기가 좋을 때이다. 직장인들이 흔히 갖는 세 가지 착각이 있다고 한다. 그것은 자기가 같은 나이 또래 평균보다 운전을 잘한다고 믿는 것과 보통 사람들보다 유머감각이 많다고 믿는 것 그리고 회사에서 자신의 인사고과가 상위권이라고 믿는 것이다.

　이 세 가지의 공통점은 무엇일까. 그것은 잣대를 대서 제대로 평가하기 어려운 일이라는 점이다. 운전 실력을 측정하는 수단은 없다. 주차를 잘하는 것도 정확하게 시험을 볼 수 없다. 또한 유머감각을 어떻게 판단할 수 있을까. 설마 무대 위에 세워 원맨쇼를 시키고 그 호응도를 본다면 가능하지만 일반인이 그럴 일은 없다. 인사고과 역시 사내 기밀사항이다. 상사들이 어떤 평가를 했는지 알 수 없다. 그러니 마음 편한 나는 대충 편한 대로 생각하는 것이다. 최근에는 대부분의 회사가 인사고과 점수를 본인에게 공개하고 피드백을 받는 제도를 운영하고 있지만 그렇더라도 자신의 점수가 다른 사람과 비교해 어느 수준에 있는지는 알기 어렵다.

이 가운데 특히 직장생활을 하면서 확실하게 느끼는 한 가지가 있다. 바로 유머감각이다. 회식 자리 같은 데에서 평사원이 유머실력을 발휘하면 주변에서 야유를 받기 일쑤지만 직급이 올라 팀장이나 부장이 되면 회의 자리에서 분위기를 깨고 부드럽게 하는 유머 한 마디에 부하 직원들은 즉각 호응하며 웃어준다. 여기에 속지 말아야 한다. 완전히 직급으로 부담을 주며 웃기는 유머일 뿐이다. 높은 사람일수록 어떠한 유머에도 부하 직원들이 반응해 주기 때문이다. 이른바 직급 프리미엄 유머이다. 아마 더 높은 자리라면 더 큰 반응도 이끌어 낼 수 있을 것이다. 미국 대통령 선거 연설에서 그다지 웃기지 않은 후보들의 우스개에도 지지자들이 크게 반응하는 것도 이런 이유이다. 우리나라의 정치가들 연설에서 웃음이 없는 이유는 이런 직급 프리미엄이 없어서가 아니고 썰렁하더라도 유머를 시도하는 정치가가 없기 때문이다.

그래도 요즘은 유머를 "괜한 소리 한다."며 싫어하는 사람들은 거의 없다. 상사가 시종일관 심각한 표정으로 진지한 이야기만 하기보다는 가끔 우스개나 유머를 던지는 것은 안 하는 것보다는 훨씬 낫다. 아무튼 한 번 웃고 그래서 분위기가 나아지면 좋은 게 좋은 것이다. 리더의 유머는 분위기를 부드럽게 하고 자신을 품위 있게 보이게도 하며 재미있는 일터를 만들 수도 있다. 사람이 어떻게 계속 심각하게 일만 할 수 있을까.

직장에서 억지 유머를 하는 사람이 의외로 많다. 옛날 유머나 아니면 인터넷 유머를 외워 "유머입네." 하고 말하면 분위기는 그야말로 억지웃음만 만들어낼 뿐이다.

안 웃겨서 더 웃긴다는 사람들이 많다면 해볼 만하다. 사람들 가운데는 입만 열면 자기가 잘 났다는 유머를 하는 자리 높은 사람도 많은 데 아무래도 오래 들어주기 어렵다. "자네들은 모르겠지만……" 하는 식으로 시작을 하는 우스개는 자랑인지 우리를 배려하는 것인지 헷갈린다. 부하 직원 한 사람을 지목해서 그를 놀리려는 유머를 하는 상사도 있다. 상사가 부하 한 명을 그렇게 한다면 당할 수밖에 없는 부하는 어지간히 속이 넓지 않다면 단단히 마음을 상할 수 있다. 오히려 분위기만 어색하게 만들 수 있다.

리더가 해볼 만한 유머라면 리더 자신이 스스로 조금 망가지는 유머나 분위기를 만드는 것이 좋다. 그런 것들이 딱딱한 직장 분위기를 쉽게 무장해제시킬 수 있다. 결국 원하는 것은 부하들과 좋은 팀 분위기를 만들어 주자는 목적이 아닌가. 내가 스스로 망가진다고 그들이 "우리 본부장이 원래 바보라서 그런 우스운 말을 하는 거다.", "우리 팀장은 워낙 모자라."라고 생각하는 부하 직원이 있다면 그야말로 진짜 바보이고 모자라는 사람이다. 유머를 적절히 활용하는 리더의 품격은 높아지면 높아지지 손상되지 않는다.

"김 대리, 집에서 가끔 요리하나?"
"가끔 하는데요. 팀장님은요?"
"난 잘해."
"아, 그러세요?"
(심각하게) "그런데 문제는 내가 요리한 걸 아무도 먹지 않는다는 거지."
"박 과장, 영어 잘하지? 다음 주에 외국에서 바이어 온다는데."
"어휴, 저는 잘 못 합니다. 팀장님이 계셔서 우린 걱정 안 합니다."
"무슨 말이야, 나 지금 다음 주 휴가신청서 쓰고 있잖아."
"팀장님, 주말에 골프 잘 치셨어요? 날씨 좋았지요?"
"좋았지. 그런데 치다가 중간에 집에 왔어."
"예? 왜요?"
"공을 다 잃어버려서."
"넥타이 안 매고 근무하니 시원하네요."
"그런데 난 양복을 입으면 넥타이를 매야지. 안 그러면 좀 느슨해지는 것 같아. 예비군복 입은 것처럼 말이야."

이상은 최근에 만난 분들이 회의에서 상사들에게 들은 이야기를 나열해 본 것이다. 그다지 재미있다고 느끼지 못할지 모르지만 위의 우스개는 모두 상사 본인이 망가지는 식이다. 많이 웃기지 않아도 듣는 누구에게도 부담이 없다.

아무튼 리더의 유머는 조직에 대한 배려이고 곧 분위기 반전으로 이어진다. 따라서 현명한 리더라면 회사 분위기가 가라앉으면 가만히 있지 않는다. 분위기를 살려야 무슨 일이든 이루어지는 것이 인간 조직이고 사람의 일이다. 특히 팀으로 일하는 조직의 사업은 '분위기 장사'라고 말하고 싶다. 분위기가 가라앉으면 돌아오는 개그맨처럼 리더가 돌아와 줘야 한다.

실력이 늘 때
일은 더 재미있어진다

요즘 대졸자가 취업하는 데 어려움을 겪고 있다고 하지만, 기업은 의외의 구인난을 겪고 있다. 구직자와 구인자 사이에 불일치 mismatch가 일어나고 있다. 대기업에서 인사를 맡은 담당자들의 이야기를 들어보면, 애써 채용해서 교육을 시켜 현장에 투입한 신입 사원들이 불과 일이 년 내에 상당수가 이직하기 때문에 여간 당혹스러운 일이 아니라고 한다.

매번 이직자를 대상으로 면담을 해보면 흔히 듣는 이야기는 "회사에서 비전을 찾을 수 없다."는 이유 때문이라고 한다. 다소 추상적이어서 구체적으로 파악해보기 위해 심층면담을 해보면 그들의 생각은 다음과 같은 결론으로 이어진다는 것이다. 신입 사원들이 '자신의 업무에서 의미를 찾을 수 없을 때 비전을 못 찾겠다.'라고 답하지만 그 저변에는 자신의 업무에서 자신의 능력이 나아지는 모습을 찾을 수 없거나, 자신의 역할이 늘어나지 않을 때 비전을 찾지 못한다고 표현한다는 것이다. 이를 달리 해석하면 직원들이 자신의 업무를 더 잘할 수 있도록 이끌어 주는 것 또한 리더의 역할이 되었다.

신입 사원 시절 종합 상사에서 산업기계 제품 수출입 업무를 하는 사업부에서 일한 적이 있었다. 중간에 일종의 연수개념으로 계열 중공업회사에 가서 몇 달 근무한 적이 있었다. 당시 회사는 수익을 잘 냈지만 업무는 허드렛일처럼 단순했고 바쁘기만 했다. 매일 자료와 견적서를 들고 기존 고객이나 잠재 고객들에게 전달하느라 바쁘게 뛰어다니기만 했을 뿐 영업 전략이라든지 제품에 관한 새로운 지식은 전혀 배운 바도 없었다. 그저 뛰고 또 뛰기만 할 것을 요구받았다. 그러다 보니 제품이 잘 팔리는데 왜 잘 팔리는지, 어떤 판매 전략을 써서 그런 것인지 경쟁제품에 대한 전략은 무엇인지 알 도리가 없었다. 당연히 지치고 재미없을 뿐 아니라 왜 이렇게 일을 해야 하는지 이해가 되지 않았다. 오늘은 돈이 될지언정 내일의 비전은 전혀 없는 일처럼 느껴지곤 했다.

다행히 몇 달 동안의 연수과정이어서 원래 자리로 복귀하며 불만은 가라앉았지만 아무리 같은 월급을 받아도 재미없고 일을 하면서 일의 의미나 나아지는 내 모습을 찾지 못하면 동기부여 되지 않는다는 것을 깊이 느끼는 계기가 되었다.

21세기에는 급변하는 시장 상황에 따라 회사도 변화를 추구해야 한다. 과거 7, 80년대에는 하나의 수익모델을 만들면 계속 수익을 내는 경향이 있었지만, 오늘날에는 그럴 수 없다. 따라서 회사에서도 본부나 팀에 자꾸 변화를 요구하게 된다. 하지만 구성원들은 과거의 습성에 젖어 있고 여러 가지 이유로 변화는 여간 귀찮은 게 아니다.

2000년대 초 필자가 다니던 증권사는 대대적으로 해외 펀드를 판매할 계획을 세우고 있었다. 하지만 영업 직원들은 과거 해외펀드에 관해 좋지 않은 판매 경험, 즉 환율 변동 등의 위험으로 인한 손실 가능성을 내세워 고개를 젓는 분위기였다. 하지만 그것은 과거의 일일 뿐 당시 해외펀드는 대세였다.

사실 이때까지 해외 펀드라는 쟁점이 나오면 그러려니 했다. 워낙 다양하여 구체적으로 그게 어떤지는 대부분 임원들이 잘 알지 못했다. 그래서 생각해 낸 것이 펀드 전문가들을 일주일에 한 번씩 불러 본부장들과 함께 공부하는 것이었다. 설명을 듣고 배워 보니 역시 우수 지점장 출신들인 본부장들은 이해도 빨랐고 핵심도 잘 짚었다. 이렇게 매주 펀드에 대해 배우며 해외 펀드에 대한 자신감이 생기자 그때 제안을 해보았다. 본부장 각자가 자신 있는 해외 펀드에 관해 맡은 본부의 지점장회의 때 그들 앞에서 프리젠테이션을 하자는 것이었다. 하지만 본부장들은 난색을 보였다. 만일 잘못되면 오히려 부작용이 생기지 않을까 우려했다. 지금까지 누구 앞에서 설명해본 적이 없어 어색해서 그런가 하는 생각으로 그만두자고 할까도 고민했지만, 선뜻 "그럼 해 보시죠."하는 임원들도 나왔다. 그때까지 회사에서는 임원들이 앉아서 지점장이나 직원들이 설명하는 발표를 들을 기회는 많았지만 자신들이 부하 직원들 앞에서 무엇을 설명하는 일은 없었다.

어느 날 각 본부의 지점장 회의가 시작되고 이런저런 쟁점에 관한 이야기가 끝나자 본부장이 프리젠테이션 리모컨을 들고 자리에서 일어났다. 본부장이 해외 펀드를 소개하기 시작했다. 이 광경을 보자 지점장들은 약간 충격으로 받아들였다. 당시 국내 주식형 펀드도 잘 팔리지 않던 시절에 해외 펀드를 판매하기 위해 그것도 본부장이 지점장들 앞에서 직접 설명회를 한다는 것은 들도 보도 못한 일이었다.

직원들 역시 "이 위험한 해외 펀드 상품을 어떻게 판매합니까?" 하면서 반발하였다. 그 저변에는 사실 지식도 별로 없고 알려고 하지도 않았던 것이 사실이었다. 강의를 듣는 동안 지점장들은 대체로 이런 반응이었다.

"아니, 저 양반이 왜 갑자기 프리젠테이션을 하고 난리지?"

"그런데 설명을 꽤 잘하네."

"그럼 우리도 해야 되는 거잖아?"

"나는 사람들 앞에서 말을 잘 못 하는데."

그들의 생각이 점점 변하기 시작했다. 그전까지 높은 사람들은 회의실 윗자리에 앉아 이것저것 지시하고 훈계하는 것은 잘 했지만 자진해서 강의를 한다는 것은 전혀 없던 일이었다.

최근의 금융 영업은 고객들 앞에서 설명회를 하는 것이 중요한 영업 방식이지만 당시는 고객들 앞에 서는 것이 일반적이지 않던 때였다. 이때 본부장들이 바람을 일으켰다. 사실 솔선수범이라는 게 중요하지만 흔하게 되면 그다지 큰 효과가 없다. 새로운 경향이 확산되고 있다면 리더가 먼저 치고 나가는 것이 좋다. 그러면 그들도 변화할 것이기 때문이다.

이런 바람이 불자 직원들 가운데 의식이 있는 사람들도 투자자를 대상으로 강연을 하기 시작했다. 물론 사람들 앞에 선다는 것은 대단한 자신감이 필요하지만 그런 망설임, 긴장감, 준비, 창피함, 하지만 잘해야 된다는 복합적인 감정과 생각이 그의 지루한 회사 일상을 재미있는 시간과 공간으로 만들어 주었다고 생각한다. 강연이 잘못되어도 "다음에 더 잘하려면 이것저것을 고쳐야 되겠습니다." 하고 투지에 불타고, 잘 되었다고 느끼면 자신감을 갖고 또 강연 자리를 만들어 나가게 된다. 해볼 만하고 재미있고 또 나아진다고 느꼈기 때문이다.

그 후 본부장들은 회의 방식도 바꾸었다. 모여서 자료를 보고 같이 읽고 지적하고 설명하는 것이 예전 방식이었다면, 이제는 본부장이 프레젠테이션 화면을 배경으로 자신이 나서서 직접 현황을 설명하며 질문하고 답을 주고받는 형태가 되었다. 회의는 훨씬 입체감이 생겨 회의실의 따분함보다는 활력이 생겨났다.

그리고 얼마 후 애플사 스티브 잡스가 저 유명한 아이폰 출시 프레젠테이션 하는 모습을 직원들과 함께 보게 되었다. "우리 회사는 이미 프레젠테이션이 일상화되었는데 말이죠." 한 본부장의 말이었다.

무엇보다 일을 재미있게 하고 싶다면 일을 새롭게 배우면서 하는 방법을 찾아라. 사람들은 배우는 것을 싫어하지만 배운 지식으로 현장에서 잘 못 하던 일을 해낼 때는 아주 큰 만족을 얻는다. 내가 일하는 실력이 나아진다고 느끼면 저절로 재미와 만족감을 찾는다. 마케팅 방법을 새로 교육받아 실행해 보고, 상품 개발도 견학을 하거나 전문가들의 의견을 들으며 배워보라. 회사 전략도 현재나 또는 미래의 추세를 알기 위해 미래 전문가들로부터 컨설팅을 받아보는 것도 좋다. '내 실력이 는다.'라고 생각할 때 일은 더 재미있어진다.

지식 충전으로 솔선수범하라

이렇게 윗사람이 먼저 솔선수범하면 그 바람은 이내 밑으로 내려가지 않을 수 없다. 물론 리더가 그런 지식을 먼저 가져야 한다는 전제가 필요하다. 하지만 지식이나 교육이라는 말을 하면 직원들은 저항부터 할지 모른다. 직장 생활을 십 년쯤 하면 머리가 굳어 새로운 지식은 머리에 잘 들어오지 않는다는 말을 한다. 주변에도 공부를 아주 잘했지만 그래도 더 이상 책에 묻혀 살기 싫어 직장을 택한 친구가 있었지만 그조차도 새로운 투자 상품을 공부하고 새로운 논리를 깨칠 때 흥미를 보인 것을 기억한다.

오십이 넘어 박사학위를 받은 필자의 경험에 비추어 마흔 살쯤 된 사람이면 학교 공부가 직장 생활보다 훨씬 쉬울 것이라 단정적으로 말하고 싶다. 대학에서 복학생이 공부에 대한 열의가 더 많고 직장 경험이 있는 대학원생들의 수업 태도가 좋은 것도 같은 이유이다. 경험에 비추어 보면 선임이라도 의외로 잘하고 재미있게 할 수 있다고 믿는다.

사람들은 무엇인가 자신의 지식이 늘고 있다고 느끼면 자신감을 더 갖게 되고 더 집중하게 된다. 모든 일이 선순환하며 진행된다. 리더라면 그들에게 항상 배울 거리를 찾아주어라. 그리고 그들과 함께 배우며 일을 즐겨라. 그들은 자신의 실력이 향상되고 있다고 믿을 때 자신 있게 저절로 동기부여 된다.

직원들의 아이디어를 채택하라

배워가며 일을 하다 보면 자연스럽게 새로운 방식으로 일을 하는 아이디어가 나올 수 있다. 자기가 낸 아이디어로 일을 하고 그 일이 성공한다면 개인이나 팀에게 그만한 동기부여는 없다. 가장 열심히 일하는 사람은 자신의 생각으로 일이 잘되는 것을 경험해 본 사람이다.

그런 분위기를 만들어야 할 사람은 다름 아닌 리더이다. 리더가 그런 것을 요구하거나 갈구하지 않으면서 자연발생적으로 부하 직원들이 해내길 기대하는 것은 감나무 밑에서 입을 벌리고 기다리는 것과 같다. 지시하고 전달하는 회의가 아닌 아이디어를 찾는 회의를 자주 만들어라.

아이디어를 구할 때 각자가 혼자서 만들어 온 내용을 발표하도록 시키기도 하는데 이보다 더 효과적인 방법이 있다. 좋은 아이디어는 사람들이 모여서 토론할 때 나온다. 함께 모여서, 이른바 집단지성을 만들어 낼 때 팀이 발전하고 팀원 자신도 발전하는 것을 느낀다. 그런 생각을 자극하는 역할을 리더가 맡아야 한다.

한 영업 직원은 모든 고객들의 관리 정보를 깨알처럼 적어놓은 자신만의 수첩을 가지고 있었는데 맨눈으로는 읽을 수 없을 지경이었다. 하지만 그는 정확하게 자신이 오늘 누구에게 전화를 해야 하는지 무슨 이야기를 해야 하는지 그날의 일정이 저절로 올라오는 고객관리시스템(Customer Relationship Management: CRM)이라고 자랑했다. 펀드나 주식의 시황이 어떻게 바뀔 때 어느 고객에게 전화해서 어떤 정보를 구해 줘야 하는지까지 나온다고 하는데 워낙 복잡하게 되어 있어 필자로서는 언뜻 이해하기 어려웠다. 그 시스템을 이해할 수 없는 게 아니라 그 수첩의 난해함 때문이었다.

하지만 IT 담당팀을 동원해 그 수첩의 관리방식을 당시의 고객관리시스템에 접목했다. IT 담당팀에서는 그런 내용이 현행 시스템에서 다 구현된다고 했지만 현장의 영업 직원들은 그 시스템은 불편해서 도저히 사용할 수 없다고도 하여 제삼자는 어느 것이 맞는지 알 수 없었다.

아무튼 새로 보완을 하고 나자 마침내 많은 직원들이 그것을 편하게 쓸 수 있었다. 의견을 들어보니 "쓰기 쉽고 재미도 있다."는 것이었다. 이것이 좋은 반응을 보이자 몇몇 다른 직원들도 자신이 개발해서 쓰고 있던 고객관리방식도 좋다며 제안을 하기 시작했다. 자발적으로 연구한 내용을 제안하는 분위기가 생겨났다. 그것 역시 시스템에 접목하자 의식 있는 영업 직원들 모두 흥미를 갖고 연구하는 분위기가 되었다. 회사 일이 저절로 되고 다들 흥미를 갖게 되었다.

기업에서는 이런 아이디어 자체뿐만 아니라 그것을 높이 평가하는 문화를 만드는 것이 필요하다. 무엇보다 직원들을 통제하고 지시하기보다 자율적으로 허용하고 받아준다는 전제가 중요하다. 피터 드러커 교수가 "지식 근로자를 단순히 종업원으로 보지 말고 자신의 의사로 조직과 업무에 종사하는 자원 봉사자로 대우하라."라는 말을 하였으니 그 의미를 귀담아 두면 좋을 것이다.

요컨대 일터는 일하는 곳이지 배우는 곳은 아니다. 하지만 사람들은 미래에 더 나은 일을 하기 위해 현재의 일터가 배울 수 있는 곳일 때 더 많이 동기부여 된다. 업무를 하면서 지식에 집중할 때 지적 욕구가 자극되어 차원 높은 수준의 업무가 이루어지는 것은 어찌 보면 당연하다.

리더,
인간적인 멋으로 살아라

큰 조직의 리더가 되면 사람들의 주목을 받기 마련이다. 거기에다 회사 차와 기사, 비서, 골프장 회원권, 대학원 최고위과정에서 만난 다른 성공한 인사들과의 사교인맥까지 갖추면 그야말로 이른바 월급쟁이로서는 오를 만큼 올랐다고 볼 수 있다.

하지만 하루도 쉴 수 없고 매일 일어나는 사건과 떨어지는 일들, 또한 군대의 5분 대기조처럼 긴장하면서 살다 보면 어느새 연말이 되고 한 해가 지나간다. 정신없이 흘러가는 삶이 불만이다. 자기 생활도 없고 시간도 없다. 인생의 시간을 담보로 일하는 셈이다.

그런 생활도 여러분의 인생이다. 그러니 그것도 즐겨야 하지 않을까. 억지춘향식으로 부담스러워하며 재미없이 리더 역할만 하려다 보면 질릴 수밖에 없다. 여러분이 리더 역할에 재미를 느껴야 일도 잘할 수 있다.

    외국계 회사에 근무할 때였다. 정기적으로 본사의 높은 임원들이 서울을 찾곤 했다. 그들이 오면 의전부터 일정 정리까지 비서와 기사들은 바빠질 수밖에 없었다. 서울을 잠시 방문한 본사의 한 고위 임원은 있는 내내 불평을 하였다. '일정이 너무 빡빡하다. 사무실이 불편하다. 직원들의 정신상태가 어떻다, 실적이 이게 뭐냐?'하며 직원들을 긴장시켰다.

    떠나는 날에도 호텔에 서류인지 뭔지를 두고 왔다며 가는 길에 짜증을 내며 전화를 했다. 부랴부랴 비서가 그것을 찾아 차를 타고 쫓아가서 전달했지만 휙 낚아채듯 가지고 가 버렸다고 한다. '사람이 태어날 때부터 높았던 것도 아닐 텐데.' 그런 생각이 들었다. 나중에 알고 보니 그는 그 나라에서 귀족 출신이라고 했다. 타고나길 귀족이어서 그랬을까.

    높은 자리에 오르면 오를수록 의전과 권위 그리고 아부에 빠져드는 리더들이 많다. 하지만 우리는 그런 데에 재미 들이는 것을 경계해야 한다. 쉽게 길들기 때문이다. 시간이 갈수록 부하 직원들에게 거만해지고 위압적이 될 수 있다. 스스로 병정놀이 맛에 취해 가는 것이다.

차장 때였을까, 한 번은 회사에서 영업 실적 우수 직원에 선정되어 포상으로 일본 금융시장 견학을 가게 되었다. 생각지 않은 행운에 마음을 설레며 떠나는 날 본사에서 경영진에게 단체로 보고하게 되었다.

모두 모여 비서실에서 기다리다가 잠깐 화장실에 가도 된다는 말에 갔다가 사장님보다 불과 3, 4초 정도 늦게 회의실에 들어갔다. 모두 한 공간에 늘어서 있었기 때문에 늦게 들어오는 내가 눈에 띄었다. 갑자기 사장님이 나에게 성큼 다가오시며 대뜸 큰 소리로 화를 내는 것이었다.

"멀리 외국까지 가는데 정신상태가 이래서야…… 외국 가서 단합된 모습을 보여줘야 하는데 자세가 틀려먹었고……" 등의 꾸중을 하시는데 정신이 하나도 없었다.

하지만 나중에 나와서 생각해보니 어이가 없었다. 화장실을 가도 된다는 임원 말대로 했을 뿐이며 그 자리가 영업 실적이 좋아서 해외 연수를 보내는 자리이면 상을 주는 분위기이어야 하지 않은가. 뿐만 아니라 나에 대해 잘 모르는 분이 어떻게 보면 초면에 그렇게 호된 질책을 할 수 있는지 상식적으로 이해가 되지 않았다. 끝나고 나서 주위 동료들이 위로해주었다. 비서실 직원들도 요즘 여러 가지 일로 심기가 편치 않으시고 또 평소에도 회의 같은 데 늦는 것을 매우 싫어하시니 이해하라는 것이었다. 아무튼 좋은 일로 떠나는 여행이었지만 출발부터 기분을 상했다.

이 일을 겪은 후로 윗분들의 행동거지를 유심히 관찰하였다. 그들도 인간이므로 실수도 하고 위와 같은 사례도 일어날 수도 있지만 무엇보다 윗사람이 아랫사람과 달리 나타내 보일 수 있는 것으로 여유와 멋이 있다는 사실이 내가 찾은 정답이었다.

좋은 양복, 검은색 고급 승용차, 멀리 내려다보이는 멋진 사무실, 고급 호텔에서 비즈니스 점심, 넓은 세미나장에서의 발표, 현관 입구에 늘어선 직원들, 내 한 마디에 어쩔 줄 모르는 직원들, 내가 누르지 않아도 저절로 움직이는 엘리베이터 같은 멋이 아니고 이따금씩 풍기는 인간적인 멋 말이다.

어떤 회사에서 만난 회장님은 아주 배울 점이 많은 분이었다. 금융 회사는 특히 지점에 많은 직원들이 근무하는데 방문하는 지점에서 반드시 모든 직원들과 일일이 악수를 한다. 일종의 스킨십으로 그렇게 하겠거니 했지만 그뿐이 아니다. 지점 방문 일정이 끝나면 수고를 많이 해줬으나 표시 나지 않은 지점장의 비서나 본부장의 자동차 기사, 맛있는 식당을 찾아 예약한 신입 사원을 애써 찾아 고맙다고 말하고 개인적인 대화도 하거나 특별히 악수나 원하면 포옹까지 해주고 떠난다. 식당에서 나올 때에도 일하는 아주머니에게 회사 신용카드가 아닌 자신의 지갑에서 현금을 꺼내 팁을 주기도 한다. 이렇게 직급이 전혀 높지는 않지만 수고한 그들의 성의에 잊지 않고 감사의 표시를 한다.

이분이 이렇게 할 수 있는 밑바닥에는 본인 역시, 과거에 보이지 않는 곳에서 표시 나지 않고 힘든 일을 해봤기 때문 아닐까. 그렇게 해본 사람이어야만 그런 사람들이 눈에 띄는 법이다. 아무튼 그분은 인간적으로 멋있는 분이었다.

일본 골프의 거장 토미 나카지마는 우리로 치면 7, 80년대 일본의 최경주 같은 인물이었다. 훤칠한 키에 검은색 옷을 즐겨 입던 그는 한때 세계 메이저 대회에서 우승을 노릴 정도로 실력 있던 선수였다.

1978년 골프 경기 최고의 명예인 브리티시오픈 마지막 날 나카지마는 선두로 나섰다. 거의 우승을 손에 쥐려는 찰나 17번 홀에서 그의 공은 아주 깊은 벙커에 빠졌다. 이 벙커에서 4타 만에야 빠져나오는 굴욕을 겪은 나카지마는 그대로 우승을 날려 버렸다.

당시에는 아시아권 선수가 그런 메이저 대회에서 선두 경쟁을 하는 것 자체를 상상할 수 없던 시절이었다. 그것이 나카지마에게는 엄청난 불운이었지만 그 정도로 그는 실력이 뛰어났고 특히 일본에서는 국민적 인기를 얻었다. 지금도 전 세계 골프 팬들은 그 코스 17번 홀 벙커를 '나카지마 벙커'로 부르며 기억할 정도이다.

최근 몇 년 전인가 TV에서 일본의 한 골프 대회에 참가한 그를 볼 기회가 있었다. 나이가 들었지만 여전히 큰 덩치에 많은 스폰서 기업들의 로고를 붙인 검은색 옷을 위아래로 입은 그는 '걸어 다니는 카리스마' 그 자체였다. 그가 첫 티샷을 할 때였다. 골프 경기는 어느 운동경기보다 볼을 치는 선수를 위해 조용히 하는 것이 관중에게 가장 기본이 되는 예절이다.

　그가 볼을 치는 것을 보기 위해 모두가 집중하는 순간, 어디선가 "삐리링 삐리링!"하며 휴대폰 벨 소리가 들려왔다. 갑작스러운 방해 때문인지 공을 치려던 그는 돌연 자세를 풀고 화난 듯 무서운 표정으로 사방을 둘러보았다. 일순간 주위는 무거운 긴장감이 돌았다. 그런데 뜻밖에 그는 자신의 백을 메는 캐디에게 가더니 이렇게 말하는 것이었다.

　"내 핸드폰 아니야?"

　순간 모여 있던 관중들이 "와!"하며 웃었다. 그렇게 그는 짜증날 일도 멋진 한 마디로 받아넘길 정도의 여유를 가진 인물이었다. 이를 지켜본 사람들은 여유가 있어 멋있는 그를 더 좋아했음은 물론이다.

　여러분이 리더라는 높은 자리에 있어도 여유와 풍미를 안다면 그것은 누구보다 여러분 자신에게 더 큰 만족감을 준다고 믿는다. 그런 것을 누리는 사람은 많지 않기 때문이다. 그것은 오직 알만큼 알고 이룰 만큼 이룬 사람들이 부릴 수 있는 유일한 호사이자 특권이다. 왕자병이나 공주병을 가지고 태어나 자기밖에 모르는 사람들, 혹은 너무 힘들고 각박하게 살기만 한 사람들은 절대 이해할 수 없는 것이 바로 이런 멋이 아닐까 생각한다.

우리 주변을 돌아보면 너무나 자기중심적이거나 여유 없고 야박하고 치사하며 전혀 멋없는 사람들이 많다. 사는 일이 고달파 그럴 수도 있겠거니 이해도 되지만, 그보다는 삶의 여유도 없고 멋도 모르고 살았기 때문이 아닐까 한다. 또는 굳이 그런 것을 생각해 본 적도 없기 때문이리라. 대체로 높은 자리에서 얻는 혜택만을 과도하게 누리는 멋없는 사람들일 뿐이다.

여러분은 높은 자리에 오른다면 꼭 인간적인 멋을 보여 주는 리더가 되기 바란다. 그래야 리더 역할을 더 잘하고 싶어질 것이다. 영화 카사블랑카의 마지막 장면 같은 그런 멋이 우리 주변에서 없어진 지 오래다.

리더 자신을 먼저
동기부여 하라

부하 직원들과 일을 할 때 가장 힘든 사람은 사실 리더 자신이다. 일을 시키고 주도하는 사람은 직접 일하는 사람보다 덜 피로하다든지, 혹은 사람들을 만나며 스스로 에너지를 충전 받는다는 말도 있지만 수많은 구성원들을 만나고 소통하며 일을 시킨다는 것이야말로 가장 힘든 일이다. 일할 때는 당장 느끼지 못해도 집에 돌아오면 지쳐 쓰러지는 것이 리더이다. 그러니 좌절을 많이 겪는 것도 리더일 수밖에 없다.

그래서 조직에 기를 불어넣어야 한다면, 또 그 일을 리더가 해야 한다면 누구보다 리더가 가장 동기부여가 잘 되어 있어야 한다. 거기서부터 조직의 활동이 시작된다. 일을 시켜놓고 자신이 오히려 그 일에 재미가 없어졌다든지, 혹은 의미를 못 찾겠다든지, 그래서 쉽게 짜증을 부리고 이랬다저랬다 자주 말을 바꾼다면 그는 동기부여가 덜된 리더이다. 준비되지 않은 사람이란 뜻이다. 그래서 가장 중요한 것은 리더인 내가 왜 이 일에 가치를 느끼고 있는지 정리해놓고 시작해야 한다.

동료인 외국인 본부장은 아주 유능한 사람이었다. 해당 분야에서 지식이나 경험이 아주 풍부하고 언제 무엇을 물어도 명쾌하게 답을 주는 사람이었다. 마치 보이지 않으면 보고 싶고 보면 무언가를 얻을 게 있는 아주 유능한 철학자 같은 사람이었다고 할까. 하지만 그에게는 가장 큰 맹점이 있었다. 그것은 자신의 서울 생활이 만족스럽지 못했던 것. 음식이 맞지 않아 하루 종일 시리얼에 우유로 끼니를 때웠다. 비즈니스 관습이 다른 것은 그렇다 쳐도 자신이 생활해온 환경과 너무 다른 데다 친구나 가족도 없이 사는 생활이었다. 또 서울이란 도시에 달리 흥미도 없었다. 다람쥐 쳇바퀴 돌듯 숙소와 사무실만 오락가락했으니 정신적으로 힘들지 않을 수 없었을 것이다. 오로지 임기 마치고 돌아갈 생각만 하는 사람 같았다. 한 번은 그가 술자리에서 많이 취해 이렇게 말했다.

"'나는 도대체 내가 여기서 무엇을 하고 있는 거지?' 하고 되묻는 나 자신을 자주 발견하곤 해요. 이 낯설고 어려운 환경에서 승산 없는 게임을 언제까지 해야 하는지 모르겠어요. 우리끼리 이야기지만."

분명 나는 그가 의식이 없는 상황에서 이런 이야기를 하는 것으로 알고 있지만 그의 이런 솔직한 생각은 은연중에 타인들, 특히 그의 부하 직원들에게 전파되지 않을 수 없다. 그가 일에 의미를 찾을 수 없는데 어떻게 그 일을 성공시킬 수 있을까.

아랍의 격언 가운데 이런 말이 있다고 한다. "나에게 불을 붙여주면 당신에게 빛을 드리리다." 즉 리더인 내가 그 일에서 열정을 갖고 부하들에게 불을 붙여줘야 한다. 그래야 부하들은 빛을 내서 일을 할 것이다.

리더 스스로 동기부여하기 위해서 어떻게 해야 할까. 그것은 내가 이 일을 얼마나 좋아하는지, 이 일이 나뿐만 아니라 다른 사람, 즉 고객과 직원과 주주에게도 얼마나 도움이 되는지 생각을 정리해 놓아야 한다. 그리고 현실적으로 이 자리에 오기까지 내가 얼마나 노력했고, 또 얼마나 운이 좋았는지도 매일 깨달아 보는 것이다.

어려운 일이 닥칠 때마다 이 자리에 온 것을 후회하고 문제가 생길 때마다 '내가 여기서 무엇 하는 사람이지?' 한다면 애당초 그 자리에 가면 안 되는 사람이다. 일에 성공하고 싶은 리더라면 스스로를 먼저 동기부여 하고 다짐하라. 그것도 매일 아침!

STEP 5

정치를 하라

어느 사회든 리더가 리더로서 일을 제대로 하려면 구성원들의 신뢰를 얻어야 한다.
신뢰없이는 어떠한 일도 제대로 해내기 어렵다.

기업에서 정치를 운운하는 것은 금기 사항이다.
현명한 리더라면 이런 정치 상황에
어떻게 대응해야 할까.

말수를 줄여라

조직에서 직급이 올라가면 늘어나는 것은 무엇일까. 월급이 첫 번째이고 그 밖에 대우받는 수준도 높아진다. 더 올라가 임원이 되면 회사 차에 기사가 나오기도 하고 비서도 붙여 주고 개인 사무실도 생기고 골프 회원권이나 헬스 이용권 같은 것들도 생긴다. 그에 못지않게 늘어나는 것은 바로 리더의 말수이다.

여러분이 주재하는 회의도 자세히 보면 어쩔 수 없는 의사 진행 발언을 포함해서 말수가 많을 수밖에 없다. 리더는 직원들이 한 말을 요약하고 마무리한다. 그리고 말을 시키고 그 의견에 토를 달면 전체 발언시간 가운데 리더의 공 점유율이 최소 60%는 되게 마련이다. 했던 말을 다시 하고 말을 바꾸어 또 이야기한다. 듣는 사람들은 같은 뜻의 다른 말을 듣고 또 듣는 고통을 당하기 마련이다. 부하 직원들로서는 많은 인내심이 필요하다. 다른 사람의 말을 비슷한 내용으로 자꾸 듣는다면 좋지 않는 한 고문에 가깝다.

더 큰 문제는 말이 많아지면 사람들이 듣지 않는다. 또한 말이 많다 보니 상대적으로 행동으로 보여줄 시간은 줄어들 수밖에 없다. 말이 많아지면 실수도 하게 된다.

> 어쩌다 직원들의 옷차림에 대해 농담을 하면서 어떻다 하고 평가하는 말을 했던 모양이다. 그러다 우연히 한 직원에게 "야, 넥타이 촌스럽다."라고 말을 하였는데 말하고 보니 그 직원은 최근에 지방에서 서울로 이동한 사람이었다. 내 농담을 개인적으로 받아들였을 것 같았다. 이렇게 누구에게는 전혀 문제 되지 않는 말이 누구에게는 큰 상처를 주는 말일 수 있다.

모 취업전문업체의 통계에 의하면 '싫지는 않지만 가장 인기 없는 상사'가 말이 많은 사람이라고 한다. 가끔 회의나 대화를 할 때 자신의 공 점유율을 체크해 보기 바란다.

무심코 하는 말을 조심하라

부하 직원들과 함께 있는 시간이 많다 보면 아무래도 자신의 평소 생각이 말로 무심코 튀어나올 수 있다. 정작 본인은 모르고 넘어가지만 부하들은 이런 것을 날카롭게 잡아낸다. 리더는 불쑥 던지는 사소한 말 한마디에도 조심해야 한다.

최강의 팀을 꾸리기 위해 노력하던 때가 있었다. 업계에서 가장 뛰어난 직원이 우리 회사로 옮겨 오고 싶다고 지인을 통해 연락이 왔다. 서로 채용 조건을 맞춰가면서 최종 결정을 내리려는 순간 그 직원과의 연락이 돌연 끊기고 말았다. 회사에서도 휴가를 냈고 휴대폰은 불통이었다. 며칠 후 복귀했다는 소식을 듣고 다시 연락해 보니 이번에는 해외 출장을 갔다는 게 아닌가. 일주일 후 그 직원은 이직을 완전히 보류하겠다고 통보해왔다. 심한 배신감을 느꼈다. 우리 회사가 제시한 계약 조건을 현재 다니는 회사에서 더 나은 조건을 받아내는 협상카드로 쓴 듯했다. 이 일로 큰 스트레스를 받았다. 팀원들과 회의 과정에서 한 팀원이 말했다.

"그 친구가 왔으면 좋았을 텐데 상심이 크시겠어요."

이 위로의 말을 듣고 내 딴에는 성사되지 않았지만 별로 개의하지 않는다는 뜻으로 쿨하게 말한다고 한 것이 무심코 이렇게 나와 버렸다.

"좋은 사람은 얼마든지 많아. 그런 놈은 언제든지 데려다 쓸 수 있어."(다른 말로) '너희들도 그 가운데 한 사람일 뿐이야. 너희들이 회사를 떠나든 말든 나는 상관없어. 인사와 예산권을 가진 나는 언제든지 다른 사람을 데려다 놓을 수 있으니까.'

회의가 끝나고 여느 때처럼 간단히 저녁식사를 하자고 하였지만 직원들 대부분 약속이 있다면서 뿔뿔이 흩어져 가버리고 말았다. 이상하다 싶어 곰곰이 생각해 보니 내가 완전히 말실수 한 것을 알았다. 하지만 내뱉은 말을 어쩌겠는가. 그것을 만회하려면 일백 배 공을 더 쌓는 수밖에.

이런 실수를 하지 않으려면 평소에 제대로 된 상사와 부하관계를 정립해서 철학으로 갖는 수밖에 없다. 그러려면 깊은 생각과 많은 논리를 신념으로 가져야 한다. 그렇게 하는 데 시간이 걸릴 듯싶은 초보 리더라면 항상 말조심을 하는 게 상책이다. 직원들과의 대화는 되도록 준비된 말 위주로 하라. 흥분하거나 들떠 있을 때나 술자리에서도 말 실수를 할 수 있다. 한 번의 실수로 당신이 애써 쌓은 리더십의 절반은 언제든지 날릴 수 있다.

알고 지내는 한 임원의 경험은 더 쓴 경험이 있다고 한다. 인사이동 발표가 났는데 자신이 회사에서 전혀 생각해 보지 않은 한 직으로 밀려났다고 한다. 며칠 동안 좌절의 시간을 보낸 후 처음으로 그 본부의 부장들과 상견례를 하는 자리에서 그는 이렇게 말했다.

"어차피 이렇게 된 것, 할 수 있는 한 열심히 해보겠습니다. 많이 도와주시기 바랍니다."

정말 이 일이 하기 싫지만 별도리가 없으니 열심히 하겠다는 말이었다. 새로 온 상사와 기분 좋게 시작하려는 부하들에게 최악의 인사가 되고 말았다. 하기야 성인군자가 아닌 한 듣는 사람의 입장을 번번이 고려하면서 말하기란 정말 어렵다. 이런 언급은 간혹 불쑥불쑥 나와서 해결할 수 없는 상태로 몰아갈 것이다. 결국 준비된 말을 하거나 되도록 말수를 줄이는 수밖에 없다.

부탁받기 전까지 절대 조언하지 마라

금융 영업을 하면서 만나는 부유한 고객들은 모두 나름대로 성공과 실패담이 있다. 그들과 어느 정도 친분이 쌓이면 꼭 물어 보는 매뉴얼이 바로 이 성공과 실패담이다. 그러면 더욱 가까워질 수 있다.

문제는 이분들은 이야기를 한번 시작하면 아주 길어진다는 점이다. 심지어 반나절을 계속하는 사람도 보았다. 자신의 이야기는

> 항상 아쉽고 소중하고 후회스럽지만 그렇다고 후회하지는 않는다. 성공한 사람들은 모두 그런 것을 가지고 산다.

많은 리더들은 부하 직원들을 보면 말이 많아지는데, 흔히 말수가 많아지면 바로 나오는 이야깃거리가 그들에게 조언을 하는 것이다. 리더가 자신의 경험과 성공 비결을 전수하겠다는데 부하가 거절할 이유가 없다고 생각한다. 하지만 그런 일이 일 년에 한 번 정도라면 괜찮겠지만, 지나친 조언은 잔소리가 되고 부하 직원들은 절대 고마워하지 않는다는 것을 알아야 한다. 그들 마음속 저변에 상사의 조언을 간섭이라 여기는 생각이 깔려 있다. 누군가 일일이 간섭을 한다면 일하기에 편치 않을 것이다. 자신이 현역일 때의 무용담과 성공사례가 부하에게는 과거의 기록이고 부담스런 일화일 뿐이다.

그러니 그들로부터 조언을 부탁받기 전까지 절대 조언하지 말아야 한다. 사실 그런 직원은 많지 않다. 만일 조언을 해야 잘할 것 같은 직원이 있다면 그로 하여금 다른 선임 직원을 따라 다니며 보도록 하는 것도 한 가지 방법이다. 아니면 경쟁사나 경쟁 본부에 가 보게 하여 우리 팀과의 차이를 느껴보도록 하는 것이 좋다. 그렇게 느끼게 하면 사람은 쉽게 변한다. 사람은 듣고 이해해서 변하기보다 보고 느끼면서 변하기 때문이다. 코칭의 대화도 따지고 보면 당사자가 스스로 방법을 찾도록 이끌어 주는 정도이지 이것저것을 과외 하듯 가르치고 알려 주는 것이 아니다.

　부부 사이에도 상대의 운전에 간섭하다가 다툼이 되기 쉽다는 것은 잘 알 것이다. 조언은 그처럼 예민한 부분이다. 만일 실제로 보여 주는 식의 조언이라면 괜찮을지 모르나 말로만 하는 조언은 대부분 효과가 부정적이다. 그래서 그의 방식이 어설프게 보여도 그가 자신감을 가지고 일하고 있다면 지켜봐 주어야 한다. 스스로 방법을 찾도록 도와주는 게 오히려 현명하다. 부하 직원들을 말로써 너무 피곤하게 해서는 안 된다는 뜻이다.

　예전 몽고 유목민들의 용병술에 "체력이 강한 장수는 싸우기도 전에 부하 전사들을 지치게 하고 그런 뛰어난 장수가 앞을 이끌면 처음부터 끝까지 쫓아다니느라 지쳐서 전력이 약화될 수 있다."는 말이 있다. 극단적으로 이야기하면 결국 싸울 사람은 부하 전사이지 장수는 아니다. 그들에게 용기나 자신감을 못 줄망정 힘을 빼게 해서는 유라시아 대륙을 제패할 수 없었을 것이다.

　그런 면에서 코칭의 원리를 알면 이런 어리석은 결과를 피할 수 있다. 코칭의 원리는 당사자가 스스로 방법을 찾아가게 하는 것이다. 사람들은 자신의 생각으로 하는 일을 더 잘하려는 경향이 있기 때문이다.

　따라서 그들에게 조언을 하는 대신 거꾸로 조언을 구해 보면 반응이 좋다. 그들은 '아, 나도 팀장에게 인정을 받고 있구나.' 하는 생각에서 엄청난 자부심을 느끼게 된다. 자신이 하는 일에도 책임감을 더 가진다. '팀장이 나한테 물어볼 정도인데 우리 팀에서 이 일을 내가 아니면 누가 제대로 하겠어. 내가 책임지고 잘해야지.'라고 생각할 것이다. 또 부하 직원들이 전에 다른 부서에 있을 때 있었던 일들, 특히 잘했던 일들에 대해서도 물어라. 그들은 스스로 자신감을 찾을 것이다. 그때처럼 해보자고 하라. 세상을 바꾼 리더는 굳이 길게 말하지 않는다.

그들은 상사를
금방 알아본다

　　　　　　　　　　　직원들 가운데 상사를 바라보고
그를 위해 자신이 어떻게 처신할 것인지를 가늠하는 사람들이 있
다. 상사를 단순히 상사로서 대우할지, 앞으로 꾸준히 친분을 쌓아
다른 자리에 가서라도 계속 관계를 유지할지, 아니면 아예 그 사람
에게 줄을 서서 직장생활 끝까지 함께 갈지를 마음속으로 결정한
다. 이런 경향은 직급이 높거나 정치 성향이 높은 직원들이라면 더
욱 큰 관심사가 되곤 한다. 리더가 부하 직원들을 알아보기 훨씬 전
부터 정치적인 부하 직원들은 이런 것들을 이미 판단하고 있다는
사실이다.
　"지금 상사는 회사에서 누구의 줄에 서 있지도 않고 특별히 인
정받지도 않아. 오래갈 사람은 아니야. 대충 겉으로만 잘하는 척해

야지."

회사 내에서 상사의 정치력이나 앞으로 경영진 구도에서 그의 성장 가능성을 추측하기도 한다. 이렇게 건성으로 충성하는 부하 직원은 물론 내 사람이 아니다.

"이분은 앞으로 차기를 내다볼 정도의 인물이야."

이 정도로 간주되는 인물이라면 빨리 줄을 서야 할지도 모른다. 직장 생활을 하면 할수록 사람이 효율적으로 변한다. 모든 것에서 효율을 찾다 보니 윗사람을 볼 때에도 이런 시각이 자연스럽게 생겨난다.

글로벌 기업에서 잔뼈가 굵은 CEO를 새로 회사에 모시게 된 한 임원을 만난 적이 있다. 그 임원은 원래 회사의 터줏대감이고 업무도 잘해서 그의 능력이나 성실함은 이미 정평이 나 있었다. 그렇게 회사에서 입지가 확고한 편이었는데 문제는 새로 온 사장과 이른바 코드가 잘 맞지 않는다는 것이다.

신임 사장은 그가 처리하는 업무 스타일이나 보고 내용에는 어느 정도 만족하지만, 전반적인 회사 경영 측면에서 각자의 관점은 전혀 맞지 않는다는 것을 눈치챘다. 문화에서 너무 다른 사람들이었다. 그 정도는 몇 번의 회의와 보고 그리고 회식 한 번 정도로 충분히 감을 잡았다.

그런데 신임 사장이 그를 인정하지 않고 있다는 것을 알고 난 후 그는 어떻게 행동했을까? 열심히 노력해서 마음에 들려고 하는 대신, 그 자신도 나름대로 생존 방법을 찾았다. 즉 사장의 문제를 찾아 은연중에 그것을 공략하는 것이었다.

결국 그는 자신이 살아남기 위해 사장의 약점을 찾아 교묘히 공격하는 반대자가 되었고 사장은 자신도 모르게 지속적으로 그룹이나 노조로부터 어려움을 겪었다. 어느 회사든 기존 정권에 맞서는 보이지 않는 세력이 있게 마련이다. 사장은 그런 세력과 보이지 않는 대결을 해왔다. 사장은 그가 이런 행동을 할 줄 꿈에도 생각하지 못했을 것이다.

어떤 부하라도 처음부터 차별을 두거나 두는 것처럼 보이면 리더에게 손해이다. 항상 마음을 열고 누구라도 마음속으로 받아 줄 아량을 보여라. 그런 나를 그들이 배신하거나 나에 대해 반대자가 될 수 없다. 이런 점에서 처신을 매우 잘하신 분이 있었다. 필자가 군 시절 당번병 할 때 모셨던 장군님이었다.

그는 참모 회의 자리에서는 매우 엄하고 무서웠다. 가끔 과격하게 화를 내기도 했지만 일대일로 있을 때는 전혀 다른 모습이었다. 조곤조곤 다정하게 말하고 격려하는 식이었다. 뜻밖에 그런 대우를 받는 참모들은 감동하지 않을 수 없었다. 이런 이중적인 모습이 당시 어린 필자로서는 참으로 의아스러운 일이었다. 우연히 차를 가지고 들어가거나 문 옆에서 유심히 들어 보면 이런 식이다.

"이 중령, 내 성격 까다로운지 잘 알지? 하지만 내가 군 생활 이만큼 하는 동안 부하 가운데 한 번도 혼내지 않는 사람이 딱 셋 있지. 이 중령도 그중 한 사람이야. (고개를 끄덕이며) 암, 그럼, 그렇고말고."

이 말을 듣는 이 중령의 얼굴은 황송해서 어찌할 바를 모른다. 그 말을 듣고 그가 비서실로 나왔다. 필자가 옆에서 들은 것을 아는 그는

"우리 부대장님 같은 분은 내가 군 생활하면서 정말 처음이야. 나하고 아주 잘 맞아. 송 상병, 우리는 정말 운이 좋다. 정말 잘해 보고 싶어."

하면서 사무실을 나섰다. 그 뒤로 그는 장군님의 자발적인 팬클럽 회장이 되었음은 물론이다.

하지만 내가 들은 '세 명'은 세 명이 아니었다. 김 소령, 박 중령, 최 대령, 정 대위, 주임 상사에 당번병인 필자까지 예닐곱은 족히 되었다. 또한 그들은 정작 장군님의 핵심 부하도 아니었다. 장군님은 자신의 핵심 부하 이외의 사람들도 이렇게 관리했다.

여러분도 팀의 핵심이라고 생각하지 않는 부하들에게 상당 부분 신임을 보일 필요가 있다. 여러분과 긴밀하지 않은 부하들에게도

포용하는 자세를 보여야 한다. 어차피 여러분의 부하 직원들 아닌가. 물론 아무리 포용하려 해도 정치적으로 이미 다른 누구의 라인에 선 사람은 쉽지 않겠지만 이런 인간다운 몸짓을 마다할 사람은 없다. 이른바 대인처럼 공개적으로 그들을 받아들인다면 "그는 적이 없다."는 명성을 얻을 수 있다. 평화 시에는 적이 없는 사람이 정상까지 오르는 것을 자주 보았다.

가끔 자신의 라인, 자신의 심복 부하들만 데리고 밀실 정치를 하는 사람들을 보는데 이는 정치적으로 매우 취약한 구조이다. 그 안에 들지 못한 모든 사람들을 잠재적인 적으로 만드는 꼴이 된다. 정말 마음에 드는 심복들 하고만 일하겠다면 방법을 달리해야 하지 않을까.

사실 많은 리더들은 그들의 진심을 별생각 없이 은연중에 표현한다. 이런 일들이 그들에게 잠재적인 손해가 될 수 있음을 알아야 한다. 꼭 정치적이지 않더라도 직장 생활 몇 년만 해본 부하라면 상사가 자기를 바라보는 시선을 나름대로 평가하고 자기가 그 안에서 얼마나 성장할 수 있을지 등을 가늠하는 것은 당연하다.

"어이, 자네. 이번 주말에 회사에 잠깐 나올 수 있나?"
"예? 저 휴가 냈는데요."
"휴가 때 뭐 하나?"
"저, 고향 갑니다."

"고향이 어디지?"

"예, 제주도입니다." (속으로) '제주도라고 열 번도 더 말했건만 나한테 관심이 전혀 없으시네.'

이렇게 상사의 관심 밖에 있다고 느끼는 부하는 때에 따라 리더의 입지가 위기를 맞을 때 언제든지 리더의 뒤를 위협하는 세력과 결탁할 수 있다. 그가 전혀 자기를 테두리 안에 넣지 않거나 넣을 생각이 없어 보일 때 차선책을 도모하는 것을 조직 논리 측면에서 무엇이라 말할 수 없다.

과거 모 대통령은 한 번 자신의 부하였고 자신에게 충성했던 사람은 끝까지 뒤를 봐 주었던 것으로 유명하다. 그런 그를 부하들은 끝까지 따르지 않을 수 없다. 어떤 이는 그것을 알기 위해 과거 그 리더와 부하들과의 관계를 보기도 한다. 사실 이것이 가장 중요한 기준이다. 필요할 때 써먹다가 결정적인 순간에 버리는 사람이 의외로 많기 때문이다. 그렇다면 그는 아마도 틀림없이 조직을 거느리고 성공하는 스타일보다는 윗사람에게 잘 보여서 자리를 유지하는 상향 지향적인 사람일 것이고 그런 그를 맹목적으로 따르는 일은 공수표 같은 일일 수 있다.

이직이 많은 증권계에는 이런 일이 자주 일어난다. 유명한 애널리스트가 있었다. 증권계에서 잘 나가던 그도 시간이 지나 한때 어려운 시절이 있었다. 그때 전 직장 선배로부터 함께 일하자는 제의를 받았다. 조건도 좋고 매우 편안한 사람으로 알고 있어 이직을 결정하였다.

그런데 막상 새 회사에 와보니 여러 가지 시스템 측면의 문제들이 많았다. 일일이 나열하지는 않았지만 증권업을 이해하지 못하는 대주주가 임명한 경영진과 시종 충돌하는 어려움을 겪었다. 어느 날 선배 상사로부터 연락이 왔다.

"나, 회사를 떠나네. 미안하게 됐어."

"어디로 가세요?"

"응, 모 투자회사로 자리를 옮기게 되었는데. 여기서 내 입지가 어려운 상황이란 거 잘 알지?"

(속으로) '내 입지는 어떻게 하고요?'

그렇게 그는 자기 살길만 찾아 떠나가고 애초에 회사를 옮길 일이 없었던 그 자신만 덩그러니 힘든 회사에 남고 말았다. 이런 것을 '의리 없다'고 하던가. 살 때 같이 살고 죽을 때 같이 죽는 게 조직의 리더이다. 한 번이라도 혼자만 살려고 발버둥 친 전력이 있는 사람은 영원히 묻히는 게 모든 업계의 공통된 생리이다.

조직에서 리더로 성공하려면 여러 방법이 있다. 윗사람에게 잘 보이는 법, 아랫사람을 세력으로 유지하며 같이 가는 법 등이다. 경험으로 보면 체계가 잡히지 않은 회사에서는 전자의 방법이, 그렇지 않은 경우는 후자의 방법이 더 맞지 않나 싶다. 물론 극단적으로 한 가지 방법만을 구사하는 사람은 없겠지만 아무튼 어떤 방법이든 약간의 정치적 역량은 필요악이다. 사람들이 모여 있으면 거기에는 정치가 자생하는 것을 부정할 수 없기 때문이고 리더라면 그것을 이용할 줄 알아야 한다.

상사를 먼저
움직여라

　　　　　　　　이렇듯 정치적인 성향이 많은 직원들이 조직에 있을진대 리더 역시 이를 적절히 이용하는 것은 당연한 전략이다. 정치적 기질을 가진 사람들은 특히 직장생활을 많이 할수록 심화된다. 조직 생활을 하면서 자신도 신분상승을 위해서는 그런 연줄이 필요하다는 것을 음으로 양으로 깨달았을 것이다.

　그렇다면 이들이 존경하는 상사는 누구일까. 그는 바로 첫째, 정치적인 역량이 뛰어나고 둘째, 자기를 끌어줄 사람, 셋째, 주고 나면 나중에 그만큼 돌려줄 사람이다. 즉 윗선의 양호한 정치 세력에 속해 있고 또 나 자신을 인정해 주고 끌어 줄 사람이면 이들은 상사를 위해 전력을 다할 것이다. 이런 이들을 나쁘게만 볼 수 없다. 무리 생활을 하는 인간 사회는 그렇게 움직인다.

그렇다 해서 리더가 되어 갑자기 없던 정치력을 만들려고 무리수를 둘 필요는 없다. 다만 리더가 윗사람들의 돈독한 지지를 받고 있음을 수시로 보여 주는 정도면 충분하다. 이런 행동은 다른 사람들에게 해를 끼치는 것이 아니라면 문제 될 이유는 없다.

상사의 보증을 받다

유명 상표 제품을 보면 어느 국제기관의 도장과 함께 제품의 품질을 보증하는 증표가 찍혀 있다. 그 증표란 곧 보증을 의미한다. 회사에서도 내 지위만으로 하는 말 한마디보다 상사의 보증을 받고 지지를 등에 업은 사람으로서 말하고 행동을 하면 일이 훨씬 쉬워진다는 뜻이다. 이른바 상사를 이용해 조직을 움직이는 방법이다.

영업 전략 담당 임원으로 근무할 때였다. 당시 새로 나온 펀드를 판매하는 임무가 주어졌다. 그 펀드는 한시적으로 판매하는 상품이기 때문에 판매사도 몇 개 회사로 제한되었고 많이 파는 회사가 그만큼 몫을 가져가는 방식이었다. 그 몇 개 회사 가운데 안타깝게도 당시 필자의 회사가 펀드 판매 역량에서 최하위였다.

판매를 계획하면서 우리 회사의 판매량이 형편없이 꼴찌를 할까 솔직히 두려웠다. 본부의 부장들 역시 걱정이 많았다.

"상무님, 우리가 꼴찌는 확실한데 그래도 너무 큰 차이는 나지 않아야 할 텐데요. 요즘 밤잠이 안 옵니다."

"걱정도 팔자네. 그 시간에 일이나 하시지." (속으로) '밤잠 못 자기는 나도 마찬가지일세.'

우선 펀드 판매를 위해 철저히 준비했다. 판매 3주 전부터 전 지역 영업점 직원들에게 해당 펀드 교육을 실시했고 이 상품에 적합한 고객층의 리스트도 돌리고 어떻게 상담할지 시나리오까지 배포했다. 또한 동영상 자료까지 온라인으로 돌려 어떻게 고객과 상담할지에 대해 교육을 했다.

하지만 불안은 여전히 컸다. 전반적으로 영업 직원들은 펀드 판매에는 뒷전이었다. 원래 주식 매매가 본업인데다 펀드 판매는 잘해 본 적도 없고 또 이들에게 회사가 펀드 상품을 판매하는데 큰 관심도 없는 것으로 비쳐졌기 때문이었다.

어느 늦은 오후 수도권 영업 직원들을 연수원에 모아놓고 간단히 펀드 교육을 하기로 했다. 이에 앞서 사장님에게 보고했다.

"요즘 펀드 판매 교육을 하고 있습니다. 시간 괜찮으시면 사장님께서 연수원에 오셔서 직원들에게 한 말씀 해주시겠습니까?"

"아, 그래? 그럼 나 말고 회장님 모시고 가."

"(놀라며) 예? 예!"

"회장님 혹시 내일 오후에 일정 괜찮으십니까?"

"응, 왜?"

"내일 연수원에서 펀드 판매 교육을 받기 위해 직원들이 모입니다. 회장님께서 시간 되시면 잠시 오셔서 10분 정도만 직원들에게 한 말씀 해주시면 좋겠습니다."

"음. 그러지. 그런데 내가 뭐라고 하지? 수고한다고 해야 되나?"

"예. (메모한 종이를 내밀며) 핵심을 이렇게 적어 보았습니다."

그 메모지에는 간단히, 수고한다, 너희들이 이렇게 노력하니 회사가 잘 될 것 같다, 본부장과 잘 협조해서 원하는 목표 이루기 바란다는 두루뭉술한 내용이었다. 애당초 강한 메시지는 필요 없었다. 회장님이 그런 자리에 왔다는 것으로 충분했다.

다음 날 오후 수백 명의 영업 직원들이 연수원에 모였다. 한눈으로 보아도 모두 입이 나와 있었고 얼굴은 불만 일색이었다. '본업인 주식 영업도 힘든 데 펀드 상품까지 팔아야 되나, 더구나 퇴근 시간에 교육을 받아야 하다니.'하며 불평을 했다. '본부장 저 사람은 외부에서 와서 실세도 아니고 참 귀찮게 하네.'하고 속으로 생각하는 것도 알고 있었다. 그렇게 교육이 시작되려는 데 웅성거림이 느껴졌다. 뜻밖에 회장님이 늦은 시간 연수원에 나타난 것이다.

"어이, 고생들 하네. 집에도 못 가고. 박 지점장 직원들 모두 데리고 왔구먼, 잘 되고 있지? 한 부장도 왔어? 그래. 수고하네." 하시면서 연단으로 올라가 간단히 몇 말씀 하시고 떠나셨다. 회장님이 말한 메시지는 특별한 내용은 아니었지만 확실한 것은 회장님이 나타나기 전과 후의 그곳 분위기가 180도 달라졌다는 것이다.

'아니, 회장님이 이런 자리까지 다 오시고? 이번 펀드 판매가 회사 차원에 중요한 것이구나. 저 임원의 입지가 강화됐구나. 잘해야겠다.'라고 생각했을 것이다.

게임은 이것으로 끝난 거나 마찬가지였다. 교육은 하는 둥 마는 둥 하고 직원들을 돌려보냈다. 다음 날 직원들의 인터넷 메신저로 지방 지점의 직원들까지 이 사실을 전달받았다.

결과가 어떻게 되었을까. 우리 회사가 펀드 판매에서 1위를 차지했다. 사장님은 "아니, 이게 왜 이렇게 된 거지?"하며 좋아하였다. 혹자는 다른 회사들이 그 펀드 판매에 관심이 없었기 때문이라고 폄하하기도 했지만 상관없었다. 우리는 목표를 1,000% 달성했기 때문이다. 아무튼 상황이 가능하다면 이런 일에 상사의 보증을 받으면 유리하다. 나 혼자서는 어렵지만 윗분을 움직이면 가능하다.

사실 부하보다 상사를 움직이기가 더 쉽다. 상사는 논리적이고 긍정적인 반면 부하 직원들은 덜 논리적이고 덜 긍정적이기 때문이다. 그렇게 하는 데 전혀 어려움이 없다. 다른 중간 리더들도 모두 이 방법을 쓰지 않는다면 말이다.

부서나 팀 회식을 하는데 상사인 임원 몰래 하는 부장이나 팀장들이 많다. '말했다가 혹시 회식 자리에 온다고 하면 어쩌지? 분위기도 불편하고 안 좋을 텐데.'하는 생각인 듯 하지만 이는 참 바보 같은 생각이다. 부서 회식이야말로 직원들에게 내 정치적 역량을 보여 줄 절호의 기회이다. 그 자리에 상사를 초대하는 것이다. 아마 대부분 "참석하지 않겠다. 자네들끼리 하라."고 이야기할 것이다. 더구나 왔다가 눈치 없이 노래방까지 함께 갈 사람은 없다.

이때 "단 5분이라도 오셔서 한 말씀 해 주시고 가시면 좋겠습니다."라고 해보라. 그리고 "상무님, 제가 추진하는 일에 대해 기대가 크다고 직원들에게 이야기해 주세요."라고 말하는 정도면 충분하다.

"아니, 상무님까지 그 일을 아시고 관심이 많으시네. 난 부장 혼자서만 그 일에 목숨 걸고 있는 줄 알았는데. 아, 그게 중요한 일이구나."

"상무가 우리 부장을 무척 아끼는 부하로 여기는구나. 부장의 정치적 역량이 보통이 아닌걸. 잘 보여야겠네."

이 정도면 여러 말이 필요 없다. 너무 쉽고 효과적인 전략이다.

영업 총괄 부사장으로 있을 때 한 지점장으로부터 연락이 왔다.

"저, 부사장님. 저희 지점이 주말에 서울 근교로 1박 2일 MT를 갑니다. 그런데 부사장님이 저희 지점에 양주 한 병을 보내주셨다고 직원들에게 이야기하려고 합니다."

"아, 그래요? 그럼 내가 양주 사서 보낼게."

"아닙니다. 술은 이미 사놓았습니다. 제가 그렇게 이야기하려는

데 그냥 알고 계셨으면 해서요."

전화를 끊고 나서 이 사람이 무슨 말을 하는지 순간 이해가 되지 않았다. 하지만 그다음 주 그가 한 말을 이해할 수 있었다. 지점 정보에 정통한 직원의 사설 정보에 의하면 그 지점장이 지금 부사장 라인으로 갑자기 주목받기 시작했고 지점 직원들도 그 분위기에 편승해 사기가 엄청나게 올랐다는 것이다. 다른 지점의 MT에는 보내지 않던 양주를 그 지점 행사에만 보냈기 때문이라는 것.

여러분 가운데 이 지점장의 전략이 너무 인위적이고 술수 같다고 할지 모르겠다. 하지만 그의 전략이 효과가 있고 그것이 누구에게도 해를 끼치지 않는다면 어쩌겠는가. 그 후로 그 지점의 실적과 지점장의 행보에 자꾸 관심이 가는 것은 어쩔 수 없었다.

신뢰를
심어줘라

　　　　　　　리더가 신뢰를 얻지 못하면 조직을 통솔할 수 없다. 만일 여러분의 부하인 중간 간부가 자신이 맡고 있는 구성원들로부터 신뢰를 얻지 못한다면 바로 교체해야 한다. 그냥 두면 아무 일도 하지 못하다가 엉뚱한 무리수만 두고 조직력을 더 약화시킬지 모를 일이다.

　신뢰가 가지 않는 리더와 일하는 부하 직원들은 그를 어떻게 생각할까? 우선 리더를 신뢰하고 있다면 부하 직원들은 그가 하자는 일과 시키는 일을 그저 따르면 된다. 나와 조직을 위하는 그에 대한 믿음이 있으니 많은 생각을 할 필요가 없다. 그러나 신뢰가 없는 리더 밑에서는 어떨까?

"오늘 갑자기 상무님이 부서 회식을 하자는데 요즘 같은 시기에 그 저의가 무엇일까?"

"글쎄, 뭘 좀 먹여놓고 잡아먹으려는 거 아닐까?"

"팀장이 오늘따라 우리들을 칭찬하는 이유가 뭐지? 이상하지 않아? 매일 혼만 내더니."

"우리를 놓아두고 혼자 좋은 자리로 이동하는 거 아니야? 아무튼 그랬으면 좋겠는데."

"아니야, 죽을 때가 된 거야. 안 하던 짓을 하는 거 보니."

이런 분위기가 된다. 그동안 하도 많이 속아서 곧이곧대로 믿을 수 없다. 구성원들이 리더가 하는 말을 그대로 믿지 않고 사사건건 많은 뒷이야기를 양산한다면 업무 효율은 굉장히 떨어질 수밖에 없고 그에 따른 엄청난 비용은 조직이 지불해야 한다.

그러면 어떻게 신뢰를 얻어야 할까. 그것은 간단하다. 약속을 지키는 것이다. 약속을 지키기 어려우면 어떻게 할까. 지키지 못할 약속을 하지 않는 것이 최선이다. 지키지 못할 과다한 희망을 주고 그들을 동기부여 하는 것이 얼마나 좋지 않은 일인지 알 수 있다. 확실하게 지킬 수 없다면 해 줄 수 있는 것처럼 말하지 마라. 그렇게 했다가는 지금보다 더 어려운 상황을 맞을 것이다.

1차 대전 때 연합군이 승리하는 데 크게 기여한 사람은 프랑스 총리였던 클레망소 수상이다. 그는 평소에도 전선을 자주 시찰하기로 유명했다. 그의 취임 구호는 "전쟁! 또 전쟁! 오로지 전쟁뿐!"으로 매우 과격하였지만, 이에 못지않게 전장으로 떠나는 병사들에게 자신은 항상 병사들과 함께 전선에 있겠다고 굳게 약속하곤 했다. 사람들은 전쟁터에 수상이 함께 있겠다는 말은 수사적 표현이라고 생각했다.

하지만 그는 약속을 지켰다. 한창 전투가 벌어지는 상황에서도 직접 뛰어가 일일이 병사들을 격려하곤 하였다. 76세의 노구를 이끌고 전장에 온 수상의 모습을 보고 놀란 병사들은 온 힘을 다하여 전투에 임했다 .

때로는 클레망소 수상의 승용차를 발견한 적이 집중포화를 퍼붓기도 하였지만 그는 절대로 병사들을 두고 떠나지 않았다. 전투가 끝난 후에야 병사들의 환호를 받으며 떠났고 그때 병사들의 사기가 충천하였음은 말할 나위 없다. 그는 바로 "언제나 병사들과 함께 전선에 있겠다."는 약속을 지켰고 국민들은 그를 신뢰하지 않을 수 없었다.

어느 사회든 리더가 리더로서 일을 제대로 하려면 구성원들의 신뢰를 얻어야 한다. 신뢰 없이는 어떠한 일도 제대로 해내기 어렵다. 구성원들이 리더를 바라볼 때 가장 먼저 생각하는 것도 바로 "우리는 이 사람을 신뢰할 수 있을까?"하는 단순한 질문이다.

하지만 21세기 기업에서 리더들이 자신의 위치에서 초지일관 약속을 지킬 수 있는 일은 극히 제한적이다. 자신의 권한과 책임이 유한한데도 수많은 약속을 하고, 그것들을 모두 지켜낸다는 것 자체가 말이 되지 않는다. 이때 신뢰를 주는 기업의 리더로서 할 수 있는 것은 "현실적으로 이 사람은 될 수 있는 한 자신의 약속을 지키려는 사람이다."라는 이미지를 주는 것이다. 그리고 실제로도 그래야 한다. 그런 면에서 현실적으로 신뢰가 있는 사람이란 '말이 통하는 사람'이기도 하다. 언제든지 상식적인 대화가 가능한 사람, 대화하면 소통이 되는 사람이 곧 신뢰할 수 있는 사람이다. 인질극을 벌이는 인질범도 극한의 상황에서 협상 대상은 정해져 있다고 한다. 그는 바로 인질범이 신뢰하는 사람이다. 말이 통하는 사람이 곧 믿을 수 있는 사람이다.

"부장이 전에 이야기했던 약속이 어렵겠다고 하는데."

"왜, 상황이 바뀌었나?"

"그렇게 되었나 봐. 어떻게 보면 부장이 할 수 있는 일은 다 한 것 같기도 하고. 실망스럽지만 부장을 원망할 사안은 아닌 것 같아. 그로서는 최선을 다했으니."

"그래. 나중에 또 다른 쟁점이 있을 때 부장이 도와줄 거야. 그러고도 남을 사람 아닌가?"

"나도 그렇게 생각하면서 부장실에서 나왔어. 언제든 그래 줄 사람이라고 믿어."

이 정도면 조직의 중간 리더로서 보일 수 있는 신뢰를 충분히 보여 줬다고 생각한다. 간단히 말하면 노력이고 성의이고 의사소통하는 정도에 달려있다.

그런데 어려운 국면을 애써 벗어나기 위해 소소한 말 바꿈이나 거짓말, 논리의 비약으로 부하 직원들을 황당하게 한다면 그야말로 신뢰가 없는 리더가 되고 만다. 신뢰는 대명제처럼 보이지만 사실 수많은 자잘한 일들에서 드러나는 당장 현실적인 일임을 명심하기 바란다.

조직에서는 리더뿐만 아니라 조직 자체의 신뢰도 그에 못지않게 중요하다.

열심히 일하던 한 직원이 갑자기 심장마비로 쓰러져 죽었다. 주변에서는 그가 과중한 업무 스트레스 때문에 과로사하였다고 하였다. 하지만 회사에서는 원인을 개인의 선천성 심장질환으로 돌렸다. 유가족은 회사와 '산재다, 아니다.'를 다툴 판이었다.

그래서인지 병원 영안실에는 관련된 부서의 부장 몇 명만 나타났고 회사를 대표하는 인물은 한 명도 나타나지 않았다. 그때까지 회사 측에 책임질 것을 요구한 것도 아니었다. 결정적인 순간에 회사가 그렇게 나오는 것을 알게 된 직원들은 회사에 아무것도 기대할 수 없다는 것을 절감하였고 회사를 떠나기 시작하였다.

신뢰를 단기간에 쌓을 수는 없다. 너무 서둘지 말고 그들에게 나에 대한 신뢰를 심고 싹을 틔우는 끈기를 가져야 한다. 어떤 기업들은 일 년에 한두 번씩 대규모로 인사이동을 한다. 아무리 사람이 하는 일이지만 짧은 시간에 신뢰가 쌓이지는 않는다. 리더와 구성원들 사이에 깊은 신뢰가 쌓여 조직력으로 나타나기까지 시간이 걸릴 수밖에 없다. 조금 기간을 두고 여유를 주는 것이 필요하다.

특권은 없다

예전 종합상사 다니던 신입 사원 시절은 특히 퇴근 시간이 늦었다. 주말에도 늘 출근했다. 하지만 필자는 워낙 신입이어서 윗분들 퇴근과 무관하게 배짱 퇴근도 했지만, 선배들은 상사가 퇴근한 것을 확인한 다음에야 퇴근했다. 담당 부장은 낮에는 어디 갔었는지 연락이 되지 않다가 저녁시간 사무실에 뽀송뽀송한 얼굴로 나타나 그때서야 마구 일을 시키곤 했다. 그러면 선임 직원들은 "부장은 오늘 또 혼자 사우나 가서 자고 왔나 보다. 오늘 늦게 퇴근하겠네."하고 한숨을 쉬곤 했다.

이런 사소한 일조차도 일에 치여 피곤하기만 한 부하 직원들에게는 불신으로 이어진다. 큰일보다 사소한 일에 더 잘 토라지는 것이

인지상정이어서일까.

어떤 외국계 회사는 본사의 임원들이 서울 지사에 오면 문간방 사무실에서 개인 노트북 켜고 일한다. 자신보다 훨씬 낮은 직급인 지사장 사무실을 빼라고 하지 않는다. 커피도 본인이 직접 가져다 마시고 가끔 프린터 문제로 비서들에게 협조를 부탁하는 정도이다. 점심은 당연히 직원들을 데리고 나가서 사주곤 한다. 이야기를 들어보기 위해서이다. 항공편도 특별히 바빠서 피곤하지 않으면 비즈니스석을 타지 않는다. 당연히 아시아 지역 내에서는 이코노미석이다.

어떤 회사는 이와 정반대이다. 회사 법인카드 내역에 회사 업무와 관련 없는 물건을 산 영수증이 있거나 또 자신이 사는 집 근처의 음식점이나 술집 영수증이 많다. 고객과의 약속은 아니다. 해외 출장을 가서 공식 일정 외에 관광지나 골프 일정을 줄줄이 잡아놓고 마치 출장을 휴가처럼 쓰는 것이 관행인 회사도 많다. 함께 일하자며 직원들은 야근시켜 놓고 팀장 본인은 정작 개인 일로 바쁘다. 이런 사실들이 알려지면 이 역시 리더를 신뢰하기 어렵다.

리더가 상여금을, 주주가 배당을 많이 받아가는 것은 주총이나 이사회의 결정에 따른 것이다. 하지만 직권을 남용하여 개인 용도로 회사 자금을 쓰거나 도덕적으로 해이한 행위를 한다면 그는 신뢰와는 담을 쌓겠다고 공언하는 것이나 다름없다.

공직자 가운데 청렴한 생활을 하고 우리가 그런 사람에게 신뢰를 느끼는 이유가 바로 이것 때문이다. 사심을 갖는 리더를 누가 믿어주겠는가. 아무리 기부를 많이 해도 회사 자금을 몰래 조금씩 횡령하거나 배임하는 사람은 리더이기를 포기한 사람이다. 예나 지금이나 좋은 사람은 많고 믿을 사람도 많다. 믿을 수 없는 사람에게 낭비할 시간은 누구에게도 없다.

앞에 나온 프랑스의 클레망소 수상에게 하루는 기자가 물었다.

"사람들은 왜 당신을 싫어하지요?" 그러자 수상이 대답했다.

"그야 내가 사실만을 말하기 때문이지요. 프랑스는 요즈음 어려운 때를 맞고 있기 때문에 우리는 근검절약을 해야 합니다." 기자가 또 물었다.

"그렇다면 왜 지도급 인사들과 정치인들조차 당신을 싫어하지요?" 수상이 대답했다.

"그 이유는 내가 부정부패하지 않았기 때문이지요. 나는 뇌물을 받지 않습니다." 다시 기자가 물었다.

"그렇다면 올바른 정치인은 당신뿐이라는 이야기입니까?" 클레망소 수상은 고개를 내저었다.

"그렇지는 않지요. 그들 모두가 올바른 정치인들입니다. 단, 유혹을 받지 않는 한 말입니다."

직원들은 결정을 자주 바꾸는 리더를 신뢰할 수 없다고 본다. 하지만 이는 신뢰와는 다른 경우라고 본다. 의사결정을 하고 실행해 보니 상황과 전혀 맞지 않으면 되돌아가 다시 더 나은 계획으로 바꿔 실행해야 하는 것은 당연하다. 일을 진행하면서 상황이나 반응이 달라진 것이다. 그 상위의 결정을 이해하지 않고 하위 단계의 실행에만 초점을 맞추면 결정을 바꾸는 행위가 이해되지 않을 것이다. 즉 "시키는 대로 하겠습니다. 그런데 왜 자꾸 이랬다저랬다 하나요?"하고 말하는 것은 스스로 "나는 일 자체에는 관심 없습니다. 시키는 일만 하다가 시간이 되면 집에 갈게요."와 무엇이 다르겠는가. 이런 직원들이 있다면 심리 자체에 문제가 있다고 보아야 한다.

내 이미지를
확인하라

　　　　　　　　　　리더도 사람인 이상 짜증이 날 때도 있고 화가 날 때도 있다. 신이 날 때도 있고 좌절하거나 스트레스를 받을 때도 있다. 그런데 이런 상황이 빈번하다면 그는 그런 리더로 이미지가 굳어질 것이다.

　심각한 모습을 자주 보이면 그는 심각한 사람이고, 화를 자주 내면 엄격하거나 무서운 사람이며, 좌절한 모습을 자주 보이면 능력 부족으로 본다는 것이다. 어떤 리더는 푸념하는 말로 부하 직원들에게서 위로받고 싶어 하는데 그것 역시 결코 좋은 모습이 아니다. 항상 활기찬 모습을 보여라. 그들은 믿을 것이다. 또 그들은 그 모습 이상의 능력을 리더에게서 찾을 것이다. 중요한 것은 그들이 나를 알아내려고 노력하므로 내 태도로 그들의 생각, 즉 내 이미지를 바꿀 수 있다는 점이다.

　여러분이 큰 조직의 리더일 경우라면 좋은 이미지를 보여 주는 것이 리더십을 발휘하는 데 더욱 중요하다. 그 이미지는 조직 전체를 리더의 의도대로 움직이도록 하기 위해 반드시 필요하다. 이때 주의할 것은 큰 조직의 리더는 대부분 핵심 부하 위주로 일하게 되는데 이때 리더의 이미지는 자기 부하들이 조직 내에 비치는 이미지와 중첩되어 나타난다는 것이다. 그들의 이미지가 곧 리더인 당신의 이미지란 뜻이다.

　"사장님과 직접 말씀을 나눠보니 참 인자하시고 섬세한 데까지 신경을 쓰셔서 놀랐습니다."

　회식 자리에서 사장님과 대화했던 한 직원의 말이다. 필자는 그 회사에 간 지 얼마 지나지 않았던 때이다.

　"원래 그런 분 아닌가요?"

　"알려지기로는 전혀 그렇지 않았거든요. 사장님 주변 사람들이 무서워서 사장님도 그런 줄 알았지요. 조금만 잘못 보여도 인사에서 불이익을 주는 사장님은 그런 사람들로 인의 장막에 싸인 신비스런 인물이었어요."

　그 사장님이 나중에 내게 해 준 이야기는 "아, 나중에 알고 보니 몇몇 핵심 부서장과 임원들이 비서실 직원들을 통해 내 동정을 계속 보고받고 있다는 거야. 자기네 일들이나 제대로 하지 왜 남의 일정이나 동정을 살피느냐 말이야. 누가 지금 내 방에 있는지 독대를 몇 분이나 하고 있는지를 체크했다는 거지. 나도 최근에 알았어. 노조에서 그런 말을 한 적은 있는데, 설마 했지. 아무튼 그렇게까지 내 이미지가 왜곡되어 알려졌는지 몰랐어. 지금이라도 바꿀 수 있어서 다행이지."

사장은 직원들과 만나 편한 대화를 나누고 싶었지만, 사장 주변의 참모들은 특권 의식으로 사장 주변을 감싸고 현실의 눈과 귀를 가렸던 모양이다. 나중에 알고 보니 직원들이 사장을 만나 하는 말도 사전에 조율하고 기획하기도 하였다고 한다. 직원들이 생각하는 사장의 이미지는 그런 비밀경찰에 둘러싸인 히틀러로 보였을 것이다. 여러분도 핵심 부하들의 조직 내 이미지를 외부인의 귀를 빌려 한 번 체크해 볼 일이다. 독재자의 말로는 좋지 않았기 때문이다.

얼마 전 술자리에서 만난 한 회사의 IT 담당 부장은 이렇게 말했다.

"우리 회사도 분위기가 좀 비슷합니다. 저는 업무로나 정치로나 실세와는 거리가 멉니다. 누구나 알지요. 그런데 언젠가 사장님 방에 두어 번 들어가서 한 시간 넘게 독대를 했다고 알려지면서 갖가지 추측과 선망 그리고 견제를 받았지요. 사장님 방에서 무엇을 했느냐고요? 간단히 보고하러 들어갔다가 새로 사신 스마트폰 사용법을 모르셔서 알려드렸죠. 카카오톡 쓰는 법을 알려드렸고 기본적인 앱도 깔아드렸고요. 나중에도 모르시면 저를 불러서 물어보시곤 했지요. 그게 전부입니다."

이런 난센스 아닌 난센스도 있다. 회사의 분위기가 이 지경이 된 데에는 리더, 즉 사장이 무의식중에 조장한 결과이다. 이는 리더의 이미지를 떠나 부하 직원들이 모두 내 일거수일투족을 파파라치처럼 바라보고 있으며 정작 바라보아야 할 시장이나 고객은 안중에도 없다는 뜻이다.

차석자의
정치 역량이 강하다면

　　　　　　　　　동료의 경험담이다. 임원으로 처음 그 회사에 갔을 때부터 분위기가 특이하다고 느꼈다. 몇 개의 부서를 담당하게 되었는데 부장 가운데 두어 명이 거슬렸다. 항상 무표정한 듯 어찌 보면 불만인 듯한 얼굴에 지시를 해도 알아들었는지 어떤지 알 수 없었다. 퇴근은 항상 다른 직원들보다 늦게 하였고, 퇴근하면서 몇 사람이 함께 자주 술자리를 갖는다고 누군가가 귀띔해 주었다. 회식 때 역시 별로 말없이 무표정하였는데 스트레스를 잘 받는지 원래 그런지 알 수 없었다.

　　그러다가 한 가지 사실을 알아냈다. 부장 가운데 가장 선임 한 사람이 회사에서 상당한 입지가 있었고 나름대로 그만한 실력도 있는 사람이었다. 그는 임원 진급을 기다리고 있다가 의외로 외부에서 임원을 영입하면서 빠졌다는 것이다. 그 외부 인사가 바로 그의 동료였다. 그 부장은 새로 온 임원을 받아들여야 하지만 마음으로는 그렇게 하기 힘들었던 것이다. 다른 두 명의 부장은 마치 그의 심복이나 다름없는 부하로 알려져 있었다. 주요 차석자 세 명이 그의 조력자라기보다는 견제자가 된 셈이었다. 따지고 보면 그가 본부에서 실패하고 떠나는 그 날이 어떻게 보면 그 부장이 임원이 되는 날일 가능성이 많았다.

그래서 그들의 마음을 돌리기 위해 온갖 방법을 다 동원했다. 그와 단둘이 한잔하며 "잘 해보자. 언젠가 그대에게도 기회가 있을 것."이라는 등의 말도 해보았지만 그는 형식적인 대답만 하였고 그 후에도 역시 미동도 하지 않았다. 그들 생일에 성대하게 파티를 열어주기도 하였지만 역시 반응은 특별하지 않았다. 그를 따르는 다른 부장들도 눈치만 보면서 조금도 변하지 않았다.

한번은 회사 차원의 상품 판매 기획 행사가 있었다. 그는 재미있게 경쟁으로 이끌기 위해 본부 차원의 경품을 걸고 판매를 독려하였다. 그런데 며칠이 지나도 직원들이 전혀 실적이 없었다. 다른 임원을 통해서 알아보니 그 본부의 부장 몇 명이 직원들에게 아무런 지시도 하지 않고 있다는 것이었다. 이렇게 사사건건 비협조적이었다.

스트레스를 받던 그가 결심한 전략은 이런 것이었다. 어느 날 퇴근을 하지 않고 있다가 복도에서 우연히 대리급 직원들이 이야기하는 것을 들었다.

"우리 본부에서 본부장님만큼 열심히 일하는 사람은 없어. 사실 다른 부장들은 다 놀고 있잖아."

"부장들은 다 본부장이 잘 안 되기를 바라는 것 같아. 사실 그런 것 아니야?"

그다지 큰 충격은 아니었지만 이제 그는 뭔가를 달리해야겠다고 다짐했다. 그래서 그 후로 그는 부서의 차석자인 차장, 과장들을 설득하기로 했다. 또 그들과 자주 면담을 하고 함께하는 자리를 만들어 그들과 더 친해지는 계기를 만들었다. 업무보다는 개인적으로 친해지려고 노력하였다. 그렇게 그는 차석자인 차, 과장급 직원들에게 손을 내밀기 시작했다.

"혹시 업무나 개인적으로 어려운 일 있으면 언제나 나에게 이야기해 주게. 우리 회사, 우리 본부가 잘 되어야 하지 않겠나?"

그런 분위기를 확산시키던 중 회사 차원의 새로운 프로젝트를 수행하게 되었다. 그는 그 일을 차, 과장 위주로 진행시켰다. 물론 부장들에게 귀띔을 해 주고 간단히 동의는 받았다. 이후는 프로젝트 설명도 부장들은 배제한 채 차장들이 경영진 앞에서 직접하고 실행 전담반도 그들 위주로 구성했다. 결과는 의외로 대성공을 거두었다.

결국 부장 몇 명은 설 자리를 잃고 말았다. 하지만 그는 그들을 버리지는 않았다. 부서의 장은 부장이고 그 부서에서 일어난 일을 책임질 이도 그들이었기 때문이다. 결국 그들에게서 권한은 빼앗고 책임질 일만 떠맡긴 구조가 되고 말았다. 마치 19세기 영국의 식민지 통치 방식처럼 되었다. 책임은 현지 책임자에게 지우고 권한은 다 빼앗는 식이다. 이런 전략을 쓰는 외국계 회사들이 가끔 있다. 공식적인 현지 책임자는 두뇌 사실상 실권은 그들의 실세가 쥐고 있는 형태이다.

이런 상황까지 되지 않았으면 좋았겠지만 의도하지 않는 환경이었다면 이 방법이라도 써야 한다. 이 사례를 들으며 다시금 깨달은 사실은 직장생활을 하며 가장 중요한 인물은 결국 상사라는 것이다. 그들이 회사 내에서 힘이 있든 없든 결정적인 순간에 상사는 큰 힘을 발휘할 수 있다. 기억할 점은 그들이 비록 부하를 진급시킬 힘은 없더라도 기회가 되면 언제든지 좌천시킬 수 있는 능력은 있다는 점이다.

편애로 보이는 것을 주의하라

역사적으로 유명한 지도자들이 자리에서 물러난 이유를 보면 외부의 공격보다는 내부 분열 때문인 경우가 더 많다. 그러한 분열은 부하에 대한 편애가 원인인 경우가 많다니 의외이다.

상황을 자세히 들여다보면 리더는 잘한 사람에게 칭찬했고 실력이 못한 사람에게는 그만한 대우를 했다고 믿는다. 그래서 공평하게 했다고 느끼는 반면 차별받는 부하들은 절대적으로 불공평하게 대우받는다고 생각한다. 이런 차이에서 편애가 발생한다. 편애의 한 부분은 그렇게 느끼는 부하 직원들의 과도한 시기 때문이다.

어느 회사의 부장은 선임 과장급 직원 두 명이 있어서 진급 때마다 여간 고역이 아니었다고 한다. 적어도 둘의 하나는 꼭 진급해야 하는데 한 명만 진급되는 것도 걱정이고 진급을 시킨다면 누구를 먼저 시킬지도 고민이었다. 둘 다 막상막하였기 때문이다. 회사 관례로 보면 한 부서에서 같은 직급 두 명이 한꺼번에 진급한 사례도 없었다.

그런데 당시는 업계 상황이 너무 좋지 않을 때라서 진급이 밀려 있었다. 두 사람 모두 진급 시기를 이 년 이상 넘기고 있었다. 보통 때라면 그들은 분명히 제때에 진급할 인재였다고 했다.

드디어 인사철이 되고 발표가 되었는데 정말 다행스럽게 둘 다 차장으로 진급했다. 부장은 정말 기뻐했고 직원들 모두 경사 났다고 좋아했다.

하지만 정작 진급한 두 사람 모두 부장에게 면담을 요청했다. 이야기인즉슨, "나를 진급시켜줘서 고맙다. 하지만 다른 과장은 왜 조건이 안 되는데 진급이 되었느냐?"라고 따지듯 묻더라는 것이다. 말을 듣고 너무 기가 찼다. 하지만 한 편으로 생각하니 둘 사이에 긴장 관계가 있어왔고 둘 다 경쟁심이 많은 성격이라 그렇겠거니 이해하고 넘어갔다고 한다. 이것은 사실 경쟁심이 아니고 시기심이다. 정말 특이한 사람들도 많다.

성과가 뛰어나고 기여를 많이 하는 직원을 더 낫게 대우하는 것

을 편애라고 볼 수 없다. 영리를 목적으로 하는 회사 조직은 그렇게 대우해서 운영되도록 해야 한다. 실적이 저조한 직원들에게 그만큼 대우를 적게 하는 것은 당연하다. 하지만 받아들이는 사람들은 그렇게 생각하지 않는다. 만일 그것이 정확하게 계량화되는 것이라면 문제가 없지만 계량화할 수 없거나 명백하지 않은 것 또는 그 외의 변수가 작용하는 것은 타당하다고 받아들이지 않는 경우가 흔하다. 여기에는 자신이 받아들이고 싶지 않은 것은 거부하는 인간의 왜곡된 심리가 작용한다.

"그가 성공한 것은 다 알게 모르게 회사 차원의 지원이 있었던 거야."

"그 친구 실적은 다 위에서 밀어준 거라니까."

"업황이 좋아질 때 그가 운 좋게 그 자리로 가게 되어 실적을 다 받은 거거든."

"그 사람은 선임자가 다 해놓은 걸 그냥 와서 주웠을 뿐이지."

이런 식으로 폄하를 한다면 당장 실적이 좋지 않은 자기 마음은 편할 수밖에 없다. 사람들은 이렇게 생각을 달리하여 정리하는 데 뛰어난 재주가 있다.

예전에 직장을 옮기면서 함께 있던 직원 몇 명도 같이 가게 되었다. 그러니까 새 회사에는 전 직장에서 데려간 직원들과 이미 그 회사에 있던 직원들이 보이지 않게 두 개의 집단으로 나뉘어 있는 상태였다. 나는 리더로서 그것을 무시하고 팀을 이끌어갔다. 하지만 내가 공평하게 처신했다고 하지만 그들은 전혀 그렇게 받아들이지 않았다.

이미 함께 일한 경험으로 잘 아는 직원들과 더 쉽게 많은 소통을 하였고 새로운 사람들과는 아무래도 부족했던 탓일까. 그런 연유로 직원 하나가 퇴사를 하며 뼈아픈 한마디를 하고 떠났다. 그 한 마디를 공개할 수는 없지만 아직도 필자는 그 직원의 오해라고 생각한다. 이제야 깨달은 것은 내가 어떻게 행동하느냐가 중요한 것이 아니라 그들이 어떻게 느꼈느냐가 중요하다는 것이다.

여러분도 같은 생각이라면 이 상황은 적절한 연출이 필요하다는 것을 알 것이다. 내 진심이 통하기까지 많은 시간이 필요하기 때문이다. 불공평하거나 누구를 편애하는 상황은 그렇게 느끼는 그들뿐 아니라 편애 대상에게도 문제이고, 결국 조직의 리더에게 치명적인 문제가 되기도 한다. 소외된다고 느끼는 직원이 많으면 많을수록 그들은 리더에게 저항하는 잠재적인 반대자 세력이 된다. 세 명의 충복이 잘하는 것보다 한 명의 반대자가 잘못 행동하는 것이 위기상황에서 리더에게 더 큰 타격을 줄 수 있다. 누구를 편애하면 새로운 말이 생겨난다.

"부장이 그를 진심으로 좋아해서 그러는 게 아니고 그 친구한테 약점이 잡혀서 그렇대."

"서로 악어와 악어새 같은 공생관계인 거지."

"부장이 사람이 좋고 어수룩해서 그 친구 꾀에 넘어간 거지. 바보 같은 이라고."

"서로 필요하니까 그런 거지. 아주 실용적인 사람들이거든 달면 삼키고 쓰면 뱉는."

이 말들의 진위를 떠나 분명한 것은 그들은 소외되어 있고 그래서 조직력은 반으로, 사분의 일로 점점 약화되고 있다는 것이다. 확실한 방법은 객관적인 데이터에서 편애로 보일 수 있는 요소를 제거하는 것이다. 둘만의 면담이나 점심 또는 저녁 식사 같은 만남을 갖지 말고 공식적인 회의나 행사 위주로 접촉하거나 전화로 대화하는 것이 좋다. 일하는 태도가 정말 마음에 드는 부하 직원이 있다면 그렇게 하는 것이 필요하다. 자신을 의도하지 않은 정치 상황으로 몰고 가기 싫다면 말이다.

상사와 부하 사이에 끼인 리더

"저는 부서원들과 일을 진행하는 방법에 대해 의견일치를 이룬 후에 실행시키는 편입니다. 그런데 제 상사는 자신의 의견이 있을 때는 자기가 시키는 대로 해주길 원합니다. 그러다 보니 상사의 의견과 팀의 의견이 다를 경우 매우 곤란합니다. 상사에게 이견을 제시하고 재고해 줄 것을 조심스럽게 이야기해 보지만 결국 상사의 의견을 따르는 경우가 많습니다. 직위가 낮으니 어쩔 수 없지요.

그럴 때 부하 직원들을 동기부여 하는 일이 여간 어렵지 않습니다. 그런 일들은 대부분 명분이나 조직의 상황 논리인 경우가 많지요. 그래서 무조건 지시하는 수밖에 없지만 당연히 일의 능률이나 성과가 떨어집니다. 젊은 직원들은 팀장의 역할이 윗사람에게 제대로 전달하고 설득하는 게 아니냐는 식으로 뒤에서 이야기를 한다고 듣습니다. 저도 그랬으니까요. 이들을 어떻게 동기부여해야 하지요?"

대부분의 리더는 자기의 상사가 있게 마련이다. 팀장에게는 임원이 있고 임원에게는 CEO가 있다. CEO는 눈치 안 보고 사는 것 같지만 더 엄한 상사, 즉 대주주가 있다. 대주주가 없는 회사라도 거기에는 까다로운 주요 주주들이 있다. 그들을 찾아다니며 자신의 경영 실적을 드러내고 설득해야 살아남는다.

대부분의 상사는 자신이 요구하는 방침이 있다. "당신이 알아서 책임 경영하시오."라고 하며 모든 것을 위임하는 것처럼 보이지만 실제 갖가지 간섭을 하게 마련이다. 특히 중간 계층 이하의 리더라면 거의 내려오는 지시를 실행하는 일을 맡는다고 보면 틀림없다. 어떻게 잘 실행하느냐가 관건일 때가 많다.

부하 직원들은 자기들이 경영진보다 현장의 목소리를 더 잘아니까 그들의 의견을 관철시켜주는 상사를 더 신임한다. 위에서 주는 대로, 바꾸는 대로 주문을 받아 오는 상사를 경멸한다. 그들 가운데는 "지금 그것은 시장이나 고객 상황과 맞지 않는 계획이라고 위에 이야기하셔야 합니다."라고 하지만 그럴 분위기가 전혀 아니라는 것은 여러분만 안다. 또한 그것을 무시하고 진행하면 줄곧 부하 직원들의 입이 튀어나와 일을 억지로 하는 꼴이 된다. 그 정도면 괜찮지만 무언으로 리더의 무능을 탓하는 분위기를 견딜 수 없다. 중간 리더는 이때 가장 외롭다. 회사의 방침을 그대로 따르면 구성원들에게 따돌림을 당하고 구성원들의 의견을 따르면 회사에서는 그가 부하들을 통솔하지 못하고 그들에게 휘둘린다고 본다. 이때 중심을 잡는 것이 중간 리더가 풀어야 할 숙제이다. 그래서 이런 유형의 리더가 나올 수 있다.

유형 1

회사의 방침을 잘 따른다. 특히 당신 상사의 지시를 잘 이행하고 지시받은 일에 대해 당신 자신의 의견은 되도록 밝히지 않는다. 지시에 반발하는 것으로 비칠까 염려해서이다. 부하들은 현장의 의견을 위로 전달하지 못하는 당신을 문제 있다고 본다. 이런 반발을 두려워해서인지 혹은 부하들이 뜻대로 실행하지 않을 것을 염려해서인지 평소 부하들을 강력하게 통제하는 경우가 많다. 소통이 문제가 된다는 뜻이다. 또한 당신은 부하들도 역시 당신처럼 아무 말 없이 지시하는 일을 잘 처리해주기를 기대한다. 평소 그런 부하가 주변에 없다는 것을 한탄하곤 한다.

유형 2

팀원들의 의견을 존중한다. 팀워크가 중요하다고 느끼고 또 리더인 자신의 위치를 유지하기 위해 부하들의 지지가 중요하다고 굳게 믿는다. 당연히 부하 직원들과의 관계는 아주 좋다. 하지만 위에서는 당신이 지나치게 부하 직원들에게 의존해서 회사의 방침이나 전략을 제대로 수행할지 리더 자격을 의심한다. 또한 무슨 일이 생길 때마다 당신은 부하 입장에 서기 때문에 그들이 회사를 문제 삼도록 부추기곤 한다는 이야기도 듣는다.

이 두 가지 유형은 물론 극단적이어서 100% 어느 한쪽인 사람은 없을 것이다. 하지만 어느 쪽에 더 가까운지는 스스로 판단해 보길 바란다.

결국 조직은 가야 할 방향이 있고 리더는 맡은 임무가 있다. 회사의 전략은 엄밀히 그 필요와 이유가 있어서 나왔다. 리더는 그것을 충분히 이해하고 회사의 방침을 잘 알아야 한다. 상사의 지시에 대해서도 "시키는 대로 하겠습니다."가 아니다. 왜 그런 일을 시키는지 또는 어떤 말 못할 사정으로 변화가 생겼는지 무언으로 혹은 대화로 이해해야 하고, 적극적으로 의견을 제시할 수 있어야 한다.

"회사의 큰 방침을 충분히 이해합니다. 다만 구체적인 부분에 대해서도 위에서 간섭하고 자주 바뀌니 이해하기 힘들어요. 현장이나 실무 일은 제가 가장 많이 알고 또 알아서 할 수 있는데."

부하 직원들 가운데 그런 상황을 이해하고자 하는 사람에게는 이해시킬 수 있어야 한다. 갑작스러운 상황 변화에 따라 방법이나 전략은 당연히 바뀔 수 있지 않은가. 전반적인 상황을 설명할 시간이 없다면 우선 실행할 수밖에 없다. 이른바 유사시에는 우선 그렇게 해야 한다.

리더인 나와 부하 직원들 사이에 이견이 생긴 경우에는 어떻게 해야 할까. 이때에도 우선 실행하도록 하는데 큰 문제는 없다. 내 지위가 갖고 있는 권한으로 지시할 수 있기 때문이다. 하지만 그들의 동의를 얻어야 일이 수월하다. 업계 경험이 많은 리더는 자신의 경험과 판단 그리고 부하 직원들이 보지 못하는 부분을 주장하고 부하 직원들은 아무래도 현장에 더 가까이 있거나 실무를 하고 있으므로 현실적인 부분을 더 내세울 것이다. 시간이 없다면 몰라도 그렇지 않다면 대화로 풀어야 한다. 이때는 일에 대한 생각을 충분히 공유하고 서로의 생각을 더 이해할 시간을 가져야 한다.

분명한 것은 거의 모든 리더가 이렇게 상사와 부하 사이에 끼어 있다는 것이다. 그로 인해 발생하는 문제를 해소하는 것이 그의 역할이다. 매번 잘해야겠지만 그렇다고 모든 일을 다 잘 풀어내겠다는 욕심을 버리라고 조언하고 싶다.

STEP 6

멘탈을 흔들어라

사람들은 자신이 의사결정에 참여한 일이나 자신이 취지를 잘 이해하는 일에 대해서 스스로 동기부여 된다.
자신이 결정한 일은 자신이 책임지려는 심리를 이용하는 것이다.

사람들은 합리적이지 않다.
같은 사실에 대해서도 표현 방법에 따라 다르게 받아들이기 때문이다.
이것을 안다면 더 솜씨 있게 그들을 일에 끌어들일 수 있다.

질문으로
일깨워라

    조직을 이끌다 보면 결국 지시하고 전달할 사항이 많이 생겨날 수밖에 없다. 아무리 자율을 존중하고 그들에게 권한을 위임한다 해도 시시각각 변하는 상황은 그런 식으로만 해결되지 않는다. 결국 지시를 해야 하고 또한 효율적으로 지시해야 하는 것이 리더의 또 다른 역량이 된다.

    경험으로 보면 윗사람으로부터 지시를 받을 때 사람들은 의외로 잘 집중하지 않는 경향이 많다. 그 이유가 다양하겠지만 무엇보다 듣는 이는 자신의 생각대로 그것을 받아들이기 때문이다. 긴장해서 지시를 받아야 할 순간에 의외로 다른 생각을 할 수 있다. 007 첩보 영화에 나오는 것처럼 한 번 들려주고 테이프가 스스로 폭파되는 방식으로 지시하면 나중에 엉뚱한 이야기를 할 가능성이 매우 높다. 지시를 제대로 이해한 사람들이라도 자기 편리한 대로 뇌에 저장한다고 한다. 그러다 보니 나중에 엉뚱하게 일을 이해하고 진행하는 경우가 있다. 그러므로 지시를 받으면 바로 그에게 왜 이 지시를 내리는지 되물어라. 그리고 무엇을 해야 할지도 물어라. 그러면 잊지 않을 것이다.

지시 내용이 중요하고 개념 정리가 잘 되어야 가능한 일이라면 지시받는 부하 직원에게 그것을 다시 설명하게 하면 효과적이다. 사실 "가장 많이 배우는 사람은 그것을 가르치는 사람이다."라는 말에 동의하겠는가.

"이번 금요일 우리 팀에서 기획한 홍보 방안 개요에 대해 담당자인 홍 대리가 간단히 설명할 예정인데 잘 듣고 관심 있거나 궁금한 사항은 질문하기 바랍니다. 앞으로 우리 회사 CI$^{corporate\ identity}$ 작업을 맡은 김 과장은 특히 주의 깊게 들어 보기 바랍니다. 아, 그리고 홍 대리가 준비를 잘하리라 믿지만 하루 전 목요일에 내게 먼저 예비 발표 내용을 간단하게 설명해 주기 바랍니다. 그럼 여기까지 합시다."

이 정도만 해두면 발표하느라 고민할 것이고 그의 생각으로 그가 주도적으로 방안을 수립할 것이다. 왜 이것을 해야 하는지 모르고 하는 일은 발생하지 않는다. 또 발표 내용이 미흡할 것에 대비해 팀장인 내가 먼저 예비 발표를 들어보고 더 필요한 요구사항을 주문하거나 질문하면 된다.

어렸을 때 방에서 공부를 막 시작하려는 데 엄마가 들어와서 "너 공부 안 해? 빨리해!"한다면 하려던 공부가 갑자기 싫어진 기억이 있을 것이다. 누구나 마찬가지이다. 이런 지시 방식은 저항을 불러올 수밖에 없다.

그래서 "이 일을 언제까지 하시오."보다 "오늘 계획을 어떻게 실행할지 설명해 보세요."라고 말해 보는 것이다. 그리고 "왜 그것을 하려고 하지요?" "할 수 있겠어요?" "하는 데 어려운 점은 없을까요?" "그럼 해보시지요."하는 식이다. 아무리 윗사람이 하는 지시라고 해도 매번 받아서 하기는 싫다. 아주 기분이 좋고 의미가 있는 일이라고 느끼기 전에는 그렇다. 이때에는 이렇게 다른 표현과 방법으로 지시해 보는 것이다.

본인이 결정하면 추진력이 높아진다

그런 면에서 질문하는 것이 좋다. 그가 생각을 정리하기 때문이다. 질문에 대한 답으로 설명을 한다는 뜻은 그에게 논리가 있다는 뜻이다. 말이 맞지 않으면 나는 예리하게 문제를 지적하고 그는 바로잡을 것이다. 그는 논리와 개념으로 무장하기 위해 노력할 것이고 그 후부터 일일이 지시하지 않아도 될 것이다. 개념을 이해하고 공유한다면 많은 의사소통이 필요 없이 신속하게 일을 진행할 수 있다.

혹자는 "그런데 부하가 내가 지시하고 싶은 방식으로 하겠다는 말을 하지 않으면 어떻게 하는가?"하고 되물을지 모른다. 물론 반드시 해야 할 일은 지시해야 한다. 중대한 일이고 그 일을 하는데 문제가 없다는 다짐을 받아야 한다. 그런 일이 아니라면 본인이 생각한 대로 하도록 위임하는 것이 효율적이다. 문제는 던져주되 해결 방법은 본인이 찾아 다른 사람들을 설득할 정도가 되면 스스로 실행할 수 있다. 사람들은 '내가 찾은 방법이 맞다.'는 것을 증명하려는 욕구가 있기 때문이다. 그러니 질문으로 지시하라.

개념을
공유하라

어느 날 두 명의 조종사가 모여 이야기를 나누었다. 먼저 한 사람이 자랑스럽게 말했다.

"내가 비행을 배울 때 내 스승인 교관은 비행하면서 지켜야 할 수백 가지의 기술을 알려주셨지. 나는 그 방법대로 그대로 따라 하여 조종사가 되었어."

그 말을 묵묵히 듣고 있던 다른 조종사는 이렇게 말했다.

"나는 말이야. 내 스승인 교관께서 비행 도중 하지 말아야 할 세 가지만 알려주고 나머지는 네가 알아서 하라고 하셨어."

우리는 살아가면서 많은 선배를 만나고 그들로부터 배운다. 이들 가운데 첫 번째 조종사의 스승처럼 모든 것을 가르치고 그대로 하기를 원하는 유형이 있고 두 번째 조종사의 스승처럼 핵심만 알려주고 나머지는 알아서 하도록 하는 유형이 있다. 누가 맞다고 보기보다 누가 효율적인가의 문제이다. 자신이 알아서 하는 부분이 많은 조종사는 아무래도 다양한 상황에 쉽게 적응할 수 있다. 첫 번째 스승도 모든 상황을 다 가르칠 수는 없지 않았을까.

부하 팀장 가운데 한 명은 직원들에게 업무 지시를 이렇게 했다.
"김 대리, 다음 달 우리 본부 단합대회 가는 데 장소 좀 알아봐?"
"박 과장, 거기서 할 만한 레크리에이션 활동이나 운동 경기 같은 거 다른 팀에 알아보고. 알겠지?"
"조 주임, 직원들이 단합대회 가서 하고 싶은 일이 무엇인지 파악됐나?"
그렇게 하고 나면 직원들은 늘 이런 식으로 뒷이야기를 한다.
"아니, 할 일도 많아 죽겠는데 단합대회 장소를 왜 나한테 알아보라는 거야?"
"그러게. 가서 어떤 레크리에이션을 할지 내가 어떻게 알겠어?"
이런 즉각적인 반응은 곧 결과로도 나온다.
"작년에 갔던 안면도가 좋겠습니다. 여기저기 알아보았자 그만한 데가 더 있겠습니까?"
"옆 본부가 썼던 레크리에이션 강사가 아주 재미있었답니다. 그 친구 부르지요."

"직원들이 하고 싶은 거는 밤에 술 먹고 떠들 수 있도록 자유 시간 주는 거지요."

이런 대답이 나왔다. 제대로 알아보고 아이디어를 짜낸 것은 하나도 없다. 일일이 구체적으로 일을 시켰기 때문이다. 이렇게 지시하면 일을 하기는 하나 제대로 하지 않는다.

어떤 회사의 K 본부장은 회의를 하다 지원팀의 한 직원을 지목했다.
"김 주임, 회의 끝나고 잠깐 남지."
"예? 예."
서류를 정리하기 위해 회의실에 잠시 더 남아 있다가 그들의 대화를 들었다.
"요즘 업무가 바쁜가?"
"아닙니다. 보통 때와 같습니다."
"다음 달 우리 본부 전체가 1박 2일로 단합대회를 갈 계획이라네."
"예."
"내가 보니 자네가 요즘 시간이 조금 되는 것 같아서 말인데. 단합대회 기획과 총무를 맡아 주어야겠네. 작년 단합대회 때 자네가 보여준 활약으로 보아 자네가 적임자라고 판단했지. 물론 자네가 그런 일 담당이 아니라는 거 잘 아네. 하지만 네 일 내 일이 어디 있겠나? 다 본부 일인데."

"열심히 해보겠습니다."

"우선, 우리가 대략 원하는 것은 이런 거야. 먼저, 토요일에 갔다가 일요일 돌아오는 데 지장이 없어야 하네. 못 돌아온다면 월요일 회사 업무에 문제가 되겠지. 직원들 가운데 산에 오르고 싶은 사람들이 많아서 근처에 산이 있어야겠지. 또 산에 가지 않는 사람은 물가에 가는 것도 좋을 거야. 그것도 고려하게. 우리 직원이 50명이 넘는 만큼 같이 모여 놀거나 게임을 할 공간이 있어야 하겠지. 또 모였을 때 할 수 있는 게임이나 체육대회 같은 프로그램도 생각해 놓아야 하네. 직원들끼리 서로 잘 알지 못하는 사람들이 많네. 그들이 서로를 잘 알아 가는 시간을 갖는 것도 잊지 말게. 알겠지? 무엇보다 한순간도 어긋나는 일이 없어야 하네. 산에서 내려왔는데 버스가 와 있지 않다든지 숙소가 좁아서 잠자리가 불편하다든지 하는 일 말일세. 또 무조건 재미있어야 하네. 버스에서나 숙소에서도 마찬가지야. 미안하지만 잘해 주게."

"어휴. 네."

"할 수 있겠나? 그럼 다음 주말까지 기획해서 나와 팀장들에게 보고해 주게. 아, 그리고 한 가지가 아니고 두어 가지 방안이 가능하다면 그렇게 준비해 보게. 당연히 비용도 고려해야 되겠지."

"예."

"마지막으로 이번 단합 대회 후에 직원들의 피드백을 받아 자네의 연말 상여금에 추가하겠네. 알겠지?"

이렇게 지시하였다. 이 직원이 어떻게 하는지 유심히 지켜보았다. 그는 인터넷을 검색해 장소를 샅샅이 물색했고 주말에 시간과 비용을 들여 답사를 하였다. 또 다른 본부, 다른 회사의 친구들에게 물어보고 모인 자리에서 할 만한 레크리에이션 활동과 운동 경기 내용도 알아보았다. 그렇게 정리한 기획안을 본부장에게 보고하였다. 본부장은 만족하였고 전체 직원은 그의 활약으로 즐거운 시간을 보냈다. 장소는 서울에서 적당히 멀지도 가깝지 않았다. 당연히 갑작스런 태풍으로 일요일 오후에 돌아올 수 없는 곳도 아니었다. 전 직원들이 화합하고 즐거웠던, 그래서 단 한순간도 지루하지 않은 그야말로 완벽한 단합대회였다.

때로는 이렇게 지시하는 것이 필요하다. 직원들로 하여금 스스로 디테일을 찾아 일하도록 개념만 지시하는 것이다. 현장감이 떨어지는 상사가 일일이 다 지시하는 것도 문제지만 부하 직원은 일하는 재미가 사라지고 의욕을 떨어뜨리게 되어 비효율만 늘어난다. 당연히 일에 대한 열정은 떨어질 수밖에 없다.

위의 예에서는 개념보다 기준으로 지시했지만 개념에서 기준이 나오므로 비슷하다고 볼 수 있다. 아무튼 이런 지시 방식을 활용하면 직원은 더 많은 생각을 하고 더 큰 책임감을 가지고 준비를 한다. "주말에 시간을 내서 현지답사를 하고 올까요? 비용은 청구해도 될까요?"라고 묻지도 않을 것이다. 다 스스로 알아서 한다. 이렇게 하면 일하는 당사자가 더 재미있다. 책임감과 성취감 때문이다. 업무 담당자의 일에 대한 성숙도는 높아진다. 자신이 세세한 부분까지 다 책임져야 하기 때문이다.

기한을
길게 주지 마라

　　　　　　　　　　회사에서는 아무래도 많은 일들
이 생기기 마련이다. 위에서 내려오고 주위에서 벌어지는 일 때문
에 수많은 일에 치여 산다. 위에서 주어지는 일을 아무 말도 못하고
받아오는 상사가 야속하기도 하겠지만 조직이 그런 걸 어찌 하겠
는가. 어차피 그들에게 지시할 일은 많을 수밖에 없다.

　일을 줄 때에도 요령이 있다. 수많은 일을 한꺼번에 부하 직원들
에게 던져주면 질려 버릴 가능성이 높다. 일에 손을 쓰기도 전에 그
렇게 되면 효율이 오를 수 없다. 필요한 일을 순서대로 짧은 기한을
주어가며 시키는 것이 많은 생각을 줄여 일의 효율을 높일 수 있다.

　"자, A, B, C에 대해 설명 다 들었지요? 그럼 되는 대로 빨리 해

서 보고하기 바랍니다."

'아이고, 내 팔자야.'

이야기만 들어도 "어휴!" 할지 모른다. 하지만 이렇게 지시해 보자.

"A 건은 바로 해서 내일 오후까지 내 책상에 놓아주게."

"B 건은요?"

"그 건은 일단 보류하지. 언제까지 해야 할지."

"C 건도요?"

"그것도 필요한 상황이 되면 할지 말지 결정하지. 일단 A 건에 집중합시다."

처음 경우처럼 일을 한꺼번에 다 던지면 사람들은 그 사이에 일보다는 해야 할 부담만을 생각한다. 기한이 길더라도 가능한 대로 일을 늘려서 하게 마련이다. 효율적이지 않다.

영국의 파킨슨이라는 행정학자가 발견한 파킨슨의 법칙에 따르면 "시간을 주면 사람들은 일을 늘려서 하고 조직에서 인원을 늘리면 별로 필요 없는 새로운 일을 만들어 한다."는 것이다. 여러 가지 일을 미리 주면 사람들은 일에 대한 부담으로 정작 일은 하지 않으면서 스트레스만 받는다.

이때는 되도록 짧은 시간을 주고 집중해서 끝내게 하면 오히려 정신없이 일하느라 스트레스를 덜 받는 경향이 있고 성취감도 높아진다. 특히 장기 계획을 세우고 해야 할 큰 의제가 아니고 깊이 고민하지 않고도 할 수 있는 기능적인 일이라면 시간을 짧게 주고 일을 시켜라. 기한을 늘려주면 일도 비효율적으로 늘어지고 사람도 부담감으로 늘어진다는 게 핵심이다.

선택권을 주고
맡겨라

결국 지시할 내용이 생기고 그것을 내가 원하는 방향대로 처리하게 하려면 몇 가지 선택권을 주고 그들이 결정하도록 하는 것도 한 가지 방법이다. 자신이 선택했다는 것만으로 동기부여를 받기 때문이다.

"자, 이 두 가지 방법이 문제를 해결하는 대안일세. 다른 방법이 없겠나? 없다면 둘 중 하나를 선택해서 해결해보게나."

이렇게 두 가지의 지정곡 가운데 하나를 부르게 하는 것도 그로서는 자신이 선택했다는 논리를 갖고 책임 있게 일을 끝낼 가능성이 높아진다.

필자가 모시던 상사 가운데 특이한 사람이 있었다.

"자 여기에 우리가 이번 주 내에 해야 할 일들이 안건별로 적혀 있네. 어떤 일을 하겠나?"

A4 용지에는 그야말로 사전처럼 빽빽하게 과제가 적혀 있었다.

"아니, 이번 주에 이 많은 일을 어떻게 다 합니까?"

"걱정 말게. 자네한테 다 해달라는 것은 아니니까. 세 개만 골라서 해결해 주게."

"……"

"자, 어느 걸 고르겠나?"

"이것, 저것 해서 세 개 하겠습니다."

"그래 꼭 마무리해 주게나."

사무실을 나오면서 나는 속으로 '휴! 큰일 날 뻔했다. 그 많은 일을 다 맡을 뻔 했어.'하며 안도의 한숨을 쉬었다. 속으로 '저 사람도 참 안됐다. 그렇게 많은 일을 끌어안고 살다니.'하며 생각했다. 그러면서 팀원들에게는 이렇게 말했다.

"다른 부서에는 일이 엄청나게 많이 떨어졌어. 우린 세 개만 맡은 거야. 잘 됐지?"

당연히 부서원들은 즐겁게 일을 할 수 있었다. 그런데 나중에 알고 보니 다른 부서 역시 모두 세 개씩 밖에 일을 떠맡지 않았다.

이렇듯 처음에 일을 많이 주는 척 하다가 몇 개 빼주면 좋아하는 것이 인간의 심리이다. 우리는 이것을 앵커링 anchoring 이라고 부르는데 처음 것과 비교해서 생각하기 때문이다. 인간의 만족감은 상대적이라는 것이 핵심이다. 다른 사람들보다 일이 적은 듯 느껴지면 행복해 할 수 있고 내가 해야 하는 양보다 적게 할 수 있다면 만족감을 느끼는 것도 같은 이치이다. 간단하면서도 전략적으로 일을 시키는 방법이다.

결국 상사가 일을 지시하고 부하 직원들이 실행하는 구도는 변하지 않는다. 단언컨대 업무의 85%는 윗선에서 내려온 일을 아랫사람에게 지시하는 상황이라 생각한다. 이때 같은 일이라도 지시할 때마다 각각 다른 비결을 적용하는 것이 필요하다.

부하 직원들의
생각을 구하라

사람들은 자신이 의사결정에 참여한 일이나 자신이 취지를 잘 이해하는 일에 대해서 스스로 동기부여 된다. 부하 직원의 행동이 필요한 안건을 결정할 때 어떻게 해야 할까. 그들을 의사결정에 참여시키는 것이 답이다. 자신의 의견도 반영되었고 그 의견이 옳다는 것을 증명하고 싶고 그것에 의미가 있어서라도 반드시 결정된 안건을 성공시키고 싶은 마음이 생긴다. 이 정도가 되면 일을 열심히 하라 마라, 하고 주문할 필요가 없다. 스스로 알아서 한다. 사람들은 처음부터 자신이 발을 담근 일은 끝을 보려는 속성이 있다.

그러나 보통 회사에서는 직원들의 실행이 중요한 전략 결정에 직원들을 참여시키지 않는다. 대신 몇 명이 밀실에 모여 결정하고 발표한다. 그 이유가 무엇인지 물으면 이렇게 말한다.

"결정해야 할 안건에 대해 직원들의 이해 수준이 낮다."

"많은 직원들이 미리 알면 처음부터 기밀이 누설될 염려가 있다."

"미리 전략을 잘 짜놓았으므로 시간을 끌 이유가 없다."

"구체적으로 말 못할 사연이 많다."

여기에는 리더가 이미 생각해둔 것을 그대로 지시하고자 하는 욕구도 무시할 수 없다. 그런 권한이 있는 것은 사실이고 누구나 자신이 일을 지배하려는 욕구가 강하기 때문이다.

그렇게 불쑥 결정된 전략이 구성원들에게 전달되면 어떤 반응이 일어날까. 대부분의 직원들은 순간적으로 그것을 이해하지 못하고 많은 생각을 한다. "이런 일을 시키는 이유가 무엇일까." 하는 식이다. 왜 그런 정책을 내놓았는지 그것이 무슨 의미인지 다음 단계에 회사가 어떤 일을 내놓을지 개인에게는 어떤 영향을 미칠지 등에 생각이 많아질 뿐이다. 직원이 바보가 아닌 이상 이 결정에 자신이 얼마나 집중해야 할지를 가늠한다. 이런 현상은 곧 신뢰가 없는 조직이 겪는 수많은 비효율로 연결된다. 따라서 안건별로 그들을 의사결정 과정에 참여시키면 그런 부작용은 사전에 방지할 수 있다. 자신이 결정한 일은 자신이 책임지려는 심리를 이용하는 것이다.

그렇다면 어떤 안건에 어느 선까지 부하 직원들을 참여시켜야 할까. 안건을 판별하기 위해서는 다음 기준을 가지고 결정하면 된다. 다소 복잡하지만 이를 간단히 한 개의 도표로 만든 결정나무가 있다. 우선 그 결정법을 다섯 가지로 나눈다.

리더가 직원들과 결정하는 5가지 방법

A1: 내가 가진 정보만으로 나 혼자 결정한다.

A2: 관련 직원들에게서 정보, 자료를 요청하여 받고 내가 결정한다.

C1: 관련 직원들과 일대일로 결정 문제를 공유하고 제안을 얻는다. 최종 결정은 내가 한다.

C2: 관련 직원들과 함께 회의를 거쳐 결정 문제를 토론하고 필요한 제안을 얻는다. 최종 결정은 내가 한다.

G: 관련 직원들과 회의를 하고 그들이 결정하도록 리더인 나는 돕는다. 전체 회의를 하며 그들이 원하는 것을 찾도록 리더는 사회자 역할을 한다.

이 다섯 가지 결정법을 안건에 따라 적절한 방법을 사용하면 된다. 예를 들어, 여러분 개인이 당면한 일을 생각해 보기 바란다. 그 일과 관련해서 아래 표의 좌측 1번부터 차례대로 질문에 따라 줄기를 타고 내려간다. 그러면 맨 아래 결정법과 만나는데 그것이 곧 그 일을 결정하는 방법이 된다. 예를 들어 보자.

사례: 내년도 영업본부 교육계획 결정

나는 회사의 인재개발팀장이다. 내년도 영업팀 교육계획을 확정해야 한다. 올해 우리 인재개발팀은 모든 영업팀의 교육을 진행하였는데 영업 직원들의 반응이 전반적으로 좋지 않았다. 외부의 한 교육컨설팅 회사를 선정하여 일정 부분 우리 팀과 함께 진행하였다. 현재 우리가 만든 계획은 세 가지이다. 우리 인재개발팀이 그동안의 비결을 바탕으로 사내강사팀을 발족시켜 사내에서 진행하는 방안, 아니면 새로운 교육컨설팅회사를 선정하여 우리 팀과 공동으로 진행하는 방안, 마지막으로 비용이 조금 더 들더라도 영업컨설팅을 전문으로 하는 대형 컨설팅회사에서 컨설팅을 받는 방안이다.

팀원의 일부는 이번 컨설팅회사가 우리 회사 영업에 맞춤형 교육을 제공하지 못했다는 의견을 갖고 있다. 그 저변에는 우리 팀이 우리 회사 영업을 가장 잘 안다는 생각으로 내년에는 사내교육으로 진행할 수 있다고 보는 듯하다.

또 한편에서는 전문적인 컨설팅회사를 끌어들여 교육뿐 아니라 제대로 된 컨설팅까지 해야 한다는 의견이다. 포괄적으로 영업 직원과 팀장의 활동이 변화되도록 패키지 교육을 해야 한다는 것 같았다. 그 과정에서 사내 팀이 강사교육까지 제대로 받고 비결을 터득한 후, 다음 해부터 자체적인 교육이 가능할 것이라는 이야기이다. 올해 교육에서는 우리가 배우지 못했

> 기 때문이라는 의견까지 분분한 것으로 알고 있다.
>
> 아무튼 이 안건에 대해 팀원 모두 올해의 실패와 내년에도 다시 이런 결과가 나와서는 안 된다는 부담이 크다. 당연히 해당 안건에 대해 모두 잘 이해하고 있다. 어떻게 결정해야 할까?

이제 265페이지 VJ모델표의 맨 위 1번부터 왼쪽 칼럼의 질문에 따라 '예, 아니오'라고 답을 하며 줄기를 타고 내려오면 된다. 단 여기서 유의해야 할 점은 사례의 내용만으로 정확한 상황이 그려지지는 않는다는 것이다. 실제 상황은 다양하므로 거기에 맞게 적용하면 된다. 또 모든 판단은 어느 정도 주관적일 수 있다는 것을 인정해야 한다.

1. 우선 신중하고 중요한 결정인가라는 질문에, 이 결정은 영업본부 전체가 회사에서 비중이 매우 큰 만큼 중요하다고 볼 수 있다. 그래서 '예'이다.

2. 팀원의 참여가 결정을 실행하는 데 중요하냐는 질문이다. 당연히 그들이 잘 움직여 줘야 하는 교육이다. 사내 연수로 하면 정말 팀원들 일이 많고 교육전문 회사를 끌어들여도 함께 해야 할 부분이 많다. 전문 컨설팅 회사 역시 팀원들이 후속 처리해

야 할 일이 많다. 수동적이어서는 안 된다. '예'

3. 리더로서 나는 혼자 훌륭한 결정을 할 만한 충분한 정보를 가지고 있는가이다. 내가 좋은 생각을 갖고는 있지만 충분하다고 볼 수 없다. 여기서는 '아니오'로 가자.

4. 결정할 안건의 문제나 상황을 잘 파악하고 있는가 하는 질문은 팀에 따라 상황에 따라 다른데 여기서는 주관적으로 판단하여 '예'라고 하자. 이 문제에 대해 모두 너무도 많은 생각을 하고 있기 때문이다.

5. 나 혼자 결정을 내려도 팀원들이 잘 받아들일 사항인가는 '아니오'이다. 그들 다 자신의 의견이 많이 있다.

6. 팀원들이 이번 안건의 목표를 잘 공유하며 인식하고 있는가라는 질문에는 '예'이다.

7. 선택된 대안에 팀원들 사이에 갈등의 우려가 있는지에 대한 답은 우리가 잘 알듯이 '예'이다.

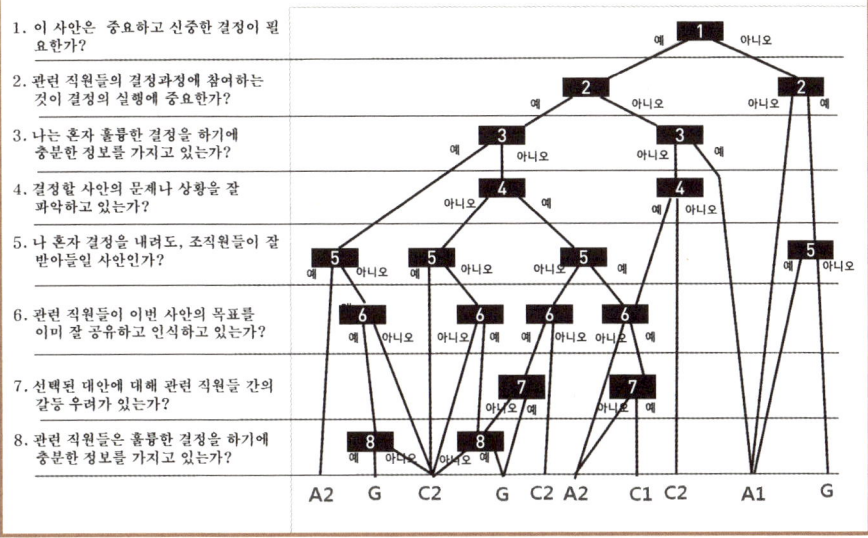

※ VJ모델의 결정법은 조직행동론의 세계적인 대가인 빅터 브룸(V)과 아더 재고(J)가 1988년 VYJ모델을 수정해 완성했다.

답은 G가 된다. 모두 모여 회의를 하며 리더인 나는 사회를 보고 그들이 결정하도록 하면 된다. 모두 각자의 의견이 있는 만큼 충분히 드러내는 분위기를 만들어 주고 논리적으로 이야기하도록 해야 한다. 팀장은 확실히 회사의 전반적인 교육에 대한 요구나 팀의 입장을 잘 전달해야 한다. 그런 상위의 구도까지 전달해야만 G는 성공할 수 있다. 그런 내용이 전달되지 못한다면 이상적인 내용만 나올 수 있으며 그것은 현실적이지 못하다. 만일 비용에 제약이 예상

되면 그런 것도 고려하도록 입력한다. 또한 목소리 큰 사람뿐 아니라 조용한 사람들도 자발적으로 발언하는 분위기를 만들어 모두의 의견이 결론에 반영되도록 하면 성공이다. 혹시 직원들이 팀장을 어려워하는 분위기라면 팀장 없이 부분적으로 회의를 시켜 보는 것도 좋다. 이때 선임 팀원들이 의견을 끌고 가는 분위기라면 바람직하지 않다.

이상과 같이 팀원들과 함께 의사결정하는 방법을 알아보았다. 물론 처음부터 결정권을 부하 직원에게 위임하는 방법도 있다. 그것은 이미 회사의 업무분장에 나와 있으므로 분류하는 데 문제는 없을 것이다. 우리는 그것을 공식적으로 권한위임이라고 한다면 여기서 말하는 다섯 가지 방법은 비공식적, 부분적인 권한위임이라 할 수 있겠다.

아무튼 위와 같은 방법으로 필요한 일을 결정하는 데 참여한 부하 직원은 자부심과 책임감을 느껴서 확실하게 동기부여 될 수 있다. "나는 시키고 너희는 한다."라고만 생각하는 것이 실행을 방해하는 가장 큰 걸림돌이고 보면 안건에 따라 직원들을 참여시켜야 할 안건은 반드시 참여시키는 것이 실행에 큰 도움이 된다. 자신이 책임지고 결정한 안건은 더 열심히 하게 되고 일에도 애정을 갖게 된다.

무엇보다 VJ 모델의 핵심은 직원들이 결정에 참여했다면 그 결정 안을 실행할 때 그것을 성공시키려고 최선의 노력을 할 수밖에 없다는 점이다. 사람들은 자신의 생각이 옳았다는 것을 증명하고 싶어서 그 의미 있는 일에 더 많이 동기부여 되기 때문이다.

그렇다고 결정할 때마다 직원들을 참여시키면 결정도 늦어지고 직원들의 시간도 빼앗는 결과가 된다. 사람들을 불필요하게 회의실에 묶어 둘 필요는 없다. 결국 어느 선까지 그들을 참여시킬까 하는 것이 운용의 묘가 될 것이고 그것이 바로 VJ 모델이다.

사실 이런 판단은 의외로 쉽게 할 수 있다. 위의 모델 없이도 대부분의 리더들은 어렵지 않게 판단할 것으로 믿는다. 하지만 리더는 항상 생각이 꽉 차있어 피곤하고 집중이 잘 안 되는 때도 많다. 또 스트레스를 많이 받거나 전날의 피로가 풀리지 않아 머리가 맑지 않을 때 올바른 결정을 못 할 수 있다. 그럴 때 이 결정모델을 한 줄씩 짚어본다면 좋을 것이다.

책을 마치며

리더가 되고 나면 많이 변하는 사람들이 있다. 리더가 된 후의 차이점이라면 책임감과 권한 정도일 텐데 이런 것들이 사람들을 변하게 한다.

활발하고 적극적이었던 팀원 때와 달리 팀장이 되어서는 오히려 조용하고 과묵해지는 사람이 있고, 샌님처럼 조용하던 사람이 팀장이 된 후 의외로 과격해지거나 폭력적인 성향으로 변하는 사람도 있다. "권력을 주어 보면 그 사람의 인격을 알 수 있다."라는 말도 있듯이 이렇게 평소에는 드러나지 않지만 그의 잠재되어 있는 성향이 리더라는 자리에서 표출되는 것이다.

실무자로 일할 때에는 그토록 일 잘하던 사람이 팀장이 되자 윗사람의 결심을 받기 전까지 아무것도 자기가 결정하지 않으려는 유형도 있다. 책임을 회피하려는 것인지, 혹은 판단이 서지 않아서인지 알 수 없지만 팀원들로서는 여간 답답한 일이 아니다. 하지만 과거 그 사람의 업무 성향을 유심히 관찰해 보면 자신이 결정한 일이 거의 없다는 것을 알 수 있다. 지시받은 일만 잘 해 온 사람들이다. 이런 유형의 사람들이 그의 성향대로 리더가 되면 그 조직은 위기에 처할 것이다.

그렇다고 리더의 자질을 제대로 타고 나는 사람이 과연 몇 명이나 될까. 분명한 것은 여러분도 리더가 되면 여러분 고유의, 가다듬지 않은 성향이 드러난다는 것이다. 그것은 여러분의 부모형제도 모르고 친한 친구들도 모른다. 그것이 DNA 때문인지 자라온 환경 때문인지는 모르지만 그런 성향은 분명하게 존재한다. 분노하는 팀장, 자기중심적인 임원, 무책임한 상사, 아부에 끌려가는 리더 등 이런 특징을 가진 사람들이 회사 조직에 얼마든지 있다.

리더로 성공하려면 이런 다듬어지지 않은 리더의 본 모습을 재정립하여야 한다. 있는 그대로의 내 모습은 리더로서 적합하지 않을지 모르기 때문이다.

리더의 역할은 확실히 인간의 본능과 거리가 있다. 인간은 무리 속에서 살아가지만 자신보다 조직을 먼저 생각하는 것에 익숙하지 않기 때문이다. 자신을 절제하고 자신보다 먼저 팀과 다른 사람들을 생각하며 산다는 것은 쉽지 않은 일이다.

그러므로 조직의 리더로서 가장 필요한 일은 무엇보다 일과 생활에서 균형을 가져 보라는 것이다. 일에 치여 쫓겨 다니며 정작 자신은 전혀 돌보지 못하는 리더들을 너무도 많이 보았기 때문이다. 그의 불균형한 정신생활은 결국 그를 황폐화시키고 그의 개인적인 문제는 결국 조직에도 부담될 수 있다. 건강관리를 뒷전으로 밀어 놓았다가 건강을 잃고 나서야 자리에서 물러나는 사람도 여럿 보았다. 쉬어야 한다면 과감히 쉬어라. 또한 리더도 일에서 재미를 찾고 멋을 찾고 즐거움을 찾아라. 내가 즐거워야 모든 일이 즐거울 수 있다.

 이 책을 쓰면서 내내 생각한 것이 있다. 혹시 내용에 대해 필자의 과거 상사나 동료, 특히 한때 부하 직원이던 분들이 보고 어떻게 생각할지 자신이 없었다. 그만두려고 노트북을 자주 닫곤 했다. 하지만 노트북을 켤 때마다 바탕화면에 보이는 〈리더……〉 아이콘을 보고는 이내 클릭하는 나 자신을 발견하곤 했다. 그러면서 혼잣말로 되뇌었다. '이 세상에 만점짜리 리더가 어디 있을까. 그때도 나는 계속 변화하는 중이었지.' 하고 스스로 위안하곤 하였다.

 책의 서두에서 리더 자리의 어려움을 지나치게 많이 부각시킨 것 같다. 힘든 일이라는 것을 표현하다 보니 그렇게 되었다. 하지만 책을 다 읽고 나면 리더의 역할이나 조직의 생리가 조금은 알 만하다고 느낄지 모르겠다. 큰 줄기의 원론보다 너무 기법에 집중한 인상도 많지만 공을 다루는 기술을 배우다 보면 축구가 더 쉽고 재미있어진다. 좋게 생각해 주었으면 한다.

마지막으로 조직에는 조직과 부하 직원을 움직이는 것 외에도 수많은 과제가 있다. 전략, 목표 달성, 경쟁, 시장 변화 대응, 사업 분석, 기획, 기대치 관리 그리고 의사결정 등 언뜻 그것들도 매우 중요하다. 하지만 그것 역시 다 사람이 하는 일이다. 여러분은 그런 일들을 모두 조직과 부하 직원들이 하게 하라. 그러면 조직은 성공하고 여러분도 리더로서 성공할 것이다.